A ORAÇÃO QUE DEUS RESPONDE

Título original: *A oração que Deus responde*

1ª edição: Julho 2024

Autor:
Magno Paganelli

Revisão:
Daniela Georgeto
Rebeca Michelotti

Projeto gráfico e diagramação:
Jéssica Wendy

Capa:
Dimitry Uziel

DADOS INTERNACIONAIS DE CATALOGAÇÃO NA PUBLICAÇÃO (CIP)

Paganelli, Magno
A oração que Deus responde: como entender o papel da oração e aplicá-la em sua vida para ter mais profundidade espiritual e felicidade com Deus / Magno Paganelli. — Porto Alegre : Citadel, 2024.
192 p.

Bibliografia
ISBN 978-65-5047-495-9

1. Oração 2. Cristianismo I. Título

24-3216 CDD 291.43

Angélica Ilacqua – Bibliotecária – CRB-8/7057

Produção editorial e distribuição:

CITADEL
Grupo Editorial

contato@citadel.com.br
www.citadel.com.br

MAGNO PAGANELLI

A ORAÇÃO QUE DEUS RESPONDE

COMO ENTENDER O PAPEL DA ORAÇÃO E APLICÁ-LA EM SUA VIDA PARA TER MAIS PROFUNDIDADE ESPIRITUAL E FELICIDADE COM DEUS

ACAZ EDITORIAL

2024

SUMÁRIO

Dedico este livro à minha primogênita, Monique
Monteiro, e ao meu filhote, Magno Filho.
Que as orações de vocês sejam sempre
respondidas pelo Criador.

PREFÁCIO

Nem sempre sabemos orar como convém e vivemos num tempo em que perdemos as dimensões mais profundas de uma verdadeira vida de oração. A vida de oração tem se resumido a tão somente pedir que Deus mude nossas circunstâncias desconfortáveis e promova nossa felicidade.

A oração que Deus responde surge oportunamente e vai ao encontro de uma grande necessidade de nossas igrejas. Este é um precioso guia prático de oração, tanto para pastores como para crentes, não importando sua tradição, denominação ou corrente teológica.

Conversamos, lemos e estudamos muito sobre a oração, no entanto, oramos tão pouco. Surgem, então, muitas teorias e modelos. É um caminho penoso ir da reflexão para a experiência. O que notamos neste livro é um caminho inverso. Magno Paganelli parte de sua própria experiência de oração para compor sua reflexão.

Não é uma oração unilateral, iniciativa humana, mas uma oração que brota da escuta da Palavra, mais especificamente da oração que Jesus ensinou aos seus discípulos. Uma experiência que nos une ao amor de Deus e ao mesmo tempo nos transforma. Esta seria a realidade última acerca da oração: não para fazer Deus mudar de opinião, mas para que nós sejamos transformados.

Magno Paganelli nos apresenta, com sensibilidade, um itinerário, um caminho, e nos convida a andar com ele, seguindo Jesus Cristo, nessa trilha sem fim, que nos faz seus discípulos, cada vez mais cheios de fé, esperança e amor. Assim, por meio da oração nos tornamos mais parecidos com Jesus Cristo, e podemos crescer na comunhão, na santidade, no serviço, e adentrar cada vez mais dimensões maduras e plenas do nosso viver. Ao ler este livro, me deparei com esse caminho que nos leva para mais perto de Deus e para mais perto de nós mesmos.

Assim, prosseguimos na nossa vida de meditação na Palavra e oração, uma jornada com Cristo até Cristo. Aprendemos juntos, de maneira comunitária, mas é principalmente nos momentos a sós com Deus, sem distrações, sem estímulos, sem pressa, quietos, que ouvimos melhor a Sua voz. Nós direcionamos toda a nossa atenção para Ele e somos acolhidos por Sua santa, doce e bendita presença, repleta de amor e graça.

Boa leitura a todos aqueles que buscam transcendência e sentido existencial para suas vidas e aos que procuram como ponto de partida a humildade para reconhecer que todos nós temos sempre muito para aprender como orar.

Osmar Ludovico da Silva

INTRODUÇÃO

O final do século 20 e o início do século 21 parecem ter provocado uma enorme onda de "urgência" nas pessoas. Passamos a desejar tudo "pra agora". Tudo o que privilegia o *instantâneo*, o *imediato* é o que queremos, *é o de que precisamos*. Aquilo que nos proporciona ganhos reais de tempo e esforço deve, sempre que possível, estar ao nosso alcance – é o lema da vida pós-moderna.

Nessa onda, uma enxurrada de manuais, guias, seminários, palestras e tantos outros produtos foram criados para ajudar o homem de hoje a acompanhar essa estranha mania global. *Sete passos para se alcançar isso; Três dicas para se conseguir aquilo; Cinco meios de se vencer aquilo outro*; e muitas outras estranhas soluções rápidas apelam para muitas pessoas e provocam nelas tentação.

Esse fenômeno, característico da era pós-moderna, também pode ser observado em relação a assuntos espirituais, por meio de livros, músicas e nas mensagens dos sermões que ouvimos nas igrejas. O *tsunami* teológico do imediatismo invadiu o arraial religioso e, pior, o evangélico, e geralmente é ouvido na mensagem neopentecostal. Nessa invasão atingiu também um hábito que, numa primeira análise, deve ser cultivado longe do corre-corre diário: a oração.

Muito tem sido dito, escrito e ensinado sobre a oração. Há bons livros, e livros sérios, sobre o assunto. Mas, em alguns círculos, é possível notar certo grau de sensacionalismo ao se ensinar sobre esse tema. Pois não pense o leitor que esse assunto passou incólume às investidas de alguns. Não. Há manuais de oração que são verdadeiros pacotes *self-service* do tipo escolha o modelo de oração para o problema específico que você está enfrentando. Deus tornou-se "nosso" secretário, o resolve-tudo e, por favor, sem demoras!

Jack Felton tratou disso em seu livro *Mais Jesus, Menos Religião*. Ele fez a seguinte afirmação:

> *Para aqueles que se apegam a falsos sistemas de crença, a fé não está baseada na crença no poder sobrenatural de Deus, mas no desejo de ver soluções mágicas dando fim à dor. Eles esperam por um Deus servil que está determinado a tornar a vida mais fácil. (...) Aqueles que creem porque estão atrás de proteção infalível escolheram o tipo errado de fé; quando cremos, normalmente atraímos outros problemas que, caso contrário, não teríamos. É por isso que Paulo escreveu: 'Porque vos foi concedida a graça de padecerdes por Cristo e não somente de crerdes nele'.* (Fp 1.29)[1]

Mas será que toda essa gama de "orientações" funciona? O que dizer dos novos métodos, campanhas, modelos e inovações quando o assunto é oração? A oração pode ser adaptada, dessa forma, aos padrões ditados pelos ventos que vêm de fora? Será que é assim que a oração funciona: encontrando a fórmula certa e aplicando-a à minha situação? Foi essa a atitude que o Senhor Jesus quis gerar em seus primeiros discípulos e em nós? Qual foi o exemplo dado por ele?

Muitas perguntas podem ser feitas na tentativa de descobrir se realmente nos enquadramos nos propósitos de Jesus quando o assunto é oração e comunhão com Deus. Sim, porque de nada adianta resolver nossos problemas pessoais por meio de uma oração de petições se ela não nos conduzir à solução de nossos problemas diretos com relação a Deus e ao homem, que basicamente é a falta de comunhão com o Pai e a necessidade de transformação de nossas vidas. A separação causada pelo pecado continua sendo a força que precisa ser neutralizada e desfeita, e isso se dá por meio da oração que conduz a uma vida piedosa.

Será que aquilo que temos feito tem contribuído para a elevação de nossa condição espiritual diante de Deus - o nosso amadurecimento espiritual - ou nossa oração tem sido apenas um ato de desencargo de consciência? Oramos porque o amor de Deus nos constrange a isso (2 Co 5.14) ou oramos para aumentar nosso crédito, a fim de usá-lo quando precisarmos pedir algo mais ao Pai? Se a segunda hipótese é a verdadeira, precisamos rever nossa motivação com arrependimento sincero - e urgente!

No entanto, se a presença de Deus em nossa vida tem movido todo o nosso ser - corpo, alma e espírito - em direção ao seu altar, então, teremos todo o "crédito" de que necessitamos. O apóstolo João deixou isso muito claro ao escrever: *"Se pedirmos alguma coisa, segundo a sua vontade, ele nos ouve. E, se sabemos que nos ouve em tudo o que pedimos, sabemos que alcançamos as petições que lhe fizemos"*. O ponto de contato aqui é o seguinte: o Senhor só atende as orações que ouve, e ele só ouve as orações feitas segundo a vontade *dele*.

O livro do profeta Daniel exemplifica muito bem essa situação. A Bíblia nos diz que Daniel orava a Deus três vezes ao dia. Reza uma tradição judaica que, em cada uma dessas vezes em que o profeta buscava a Deus, ficava cerca de três horas em comunhão íntima com ele. Mas, quando Daniel se viu diante de um problema político na Babilônia, país em que era ministro e conselheiro do rei Nabucodonosor, o profeta orou, e Deus prontamente enviou a resposta e revelações às suas indagações (Dn 10.12). Era da vontade de Deus que o seu povo deixasse o cativeiro babilônico e retornasse à sua terra natal. Isso nos ensina que Deus atende prontamente as orações que estão dentro do seu plano de atuação, dentro da sua vontade.

Ao longo dos anos, os judeus devotos oravam e mantinham a prática das três orações diárias - a chamada "Oração das dezoito preces". Ainda que não exclusivamente, oravam às três, às seis e às nove horas. Essas horas equivalem às nossas nove, doze e quinze horas (Dn 6.10; At 3.1).[2] Mas a devoção judaica tropeçou e transformou-se em formalismo religioso. Destituídos do sentimento, do arrependimento e da consciência da presença e realidade de Deus por meio da oração, os judeus repetiam palavras sem refletir sobre o que elas diziam ou significavam. No Novo Testamento, a oração do Pai-Nosso também sofreu e sofre com o formalismo quando é repetida uma ou mais vezes sem que se medite no teor que suas palavras encerram.

J. C. Ryle considera:

> *É de temer que milhares de pessoas repitam formalmente estas palavras, dia após dia, sem jamais considerarem o que estão dizendo. Eles não têm a menor preocupação com a glória, o reino ou a vontade do Senhor. Não têm nenhum senso de dependência, de pecaminosidade, de fraqueza pessoal ou de perigo. Não têm amor nem compaixão para com os seus inimigos. E, ainda assim, repetem a oração do Pai-Nosso!*[3]

O Pai-Nosso não é uma oração milagreira, com a fórmula definitiva para ser repetida, a fim de garantir a bênção de Deus a quem repete suas palavras. Mas, se um milagre acontecer em sua vida de oração, não será por mérito meu nem deste livro. Na verdade, o milagre já aconteceu há dois mil anos. Da concepção à morte, cada aspecto da vida de Jesus foi e continua sendo um verdadeiro milagre que pode ser aplicado a nossa vida diária. O modo como Jesus se relacionou com seus apóstolos e discípulos, seus ensinamentos e, principalmente, sua vida de oração foram deixados como exemplos a serem seguidos a fim de dar sentido, propósito e finalidade a nossa vida espiritual e social.

Estou certo de que foi pelo fato de a oração de Jesus expressar tamanha intensidade que os seus discípulos, após vê-lo envolvido num desses momentos agradáveis, pediram-lhe: *"Senhor, ensina-nos a orar, como João ensinou aos discípulos dele"* (Lc 11.1). Essa passagem do Evangelho revela que a prática de oração exercida por Jesus era tão distinta dos outros religiosos de sua época que causava, nas pessoas que estavam a sua volta, o desejo de praticá-la também.

Este é o milagre a que me refiro: a atração pela qual o homem se aproxima, se apresenta, conversa e confidencia seus problemas mais íntimos, frustrações e até mesmo chora diante de alguém a quem não está vendo, tudo por meio da fé que o faz contemplar o Deus invisível diante de si. Se essa presença não é real o suficiente para levar um homem a orar, como explicar esse magnetismo que atrai tantas pessoas há milhares de anos? Se a noção da presença real do Pai durante os momentos de oração de Jesus não era certa, o que teria, então, chamado a atenção dos seus discípulos a ponto de pedirem que Jesus lhes ensinasse a orar como ele mesmo orava?

Mas se, por um lado, há o desejo não apenas de orar, mas de obter resposta às orações, por outro lado, surge um problema que o corre-corre diário, mencionado há pouco, traz a quem se dispõe a buscar e estabelecer uma comunhão íntima com Deus: queremos resultados práticos e instantâneos, como foi dito. Essa expectativa, porém, deriva de um entendimento equivocado da verdadeira natureza da oração e até mesmo da prática de vida cristã, que, em última análise, é resultado das distorções na própria mensagem pregada em nossos dias.

Oração não é movimento popular. O exemplo seguinte é esdrúxulo, concordo, mas esclarece. Nos mutirões ou movimentos populares feitos para construção de casas de baixo custo, os moradores de uma comunidade se reúnem e constroem uma casa para determinada pessoa, ou mesmo muitas casas, uma para cada trabalhador. Em poucas semanas, todos estão prontos para se mudar e habitar a nova moradia. A oração, no entanto, não deve ser encarada como uma ação conjunta em favor da conquista de um bem ou mesmo como uma porta de escape que só é aberta em caso de urgência. Oração é uma atitude, é uma postura, é um comportamento contínuo que expressa o relacionamento do homem com o seu Criador e tem que ser cultivado e preservado constantemente, ao longo da jornada cristã. É um projeto para toda a vida.

Orar é desligar-se do lufa-lufa e ligar-se ao pacífico e acolhedor Espírito Santo de Deus. Orar é refletir, é um diálogo – não um monólogo. Oração é comunhão, é vida em comum. De nada adianta nos ajoelharmos em determinado lugar, e falarmos, falarmos e falarmos. No final, nos levantamos, iniciamos nossas atividades do dia e nada muda: nem mudamos as coisas nem somos mudados. Os judeus também cometeram esse erro, chamado por Hermisten Maia de *o formalismo quanto ao local*: somente a oração no templo ou na sinagoga é que tinha valor.[4]

A oração pode mudar coisas e pessoas. A resposta à oração é real! Quem ora sente-se mudado a cada vez que se prostra diante do Senhor. É o milagre da atração exercida por Jesus. Quanto mais próximos estamos dele, mais seu caráter e personalidade transparecerão em nós.

Tanto faz se Daniel orava, já há cerca de 2.600 anos, ou se nós, da era da internet, oramos. O fundamento e o padrão não mudaram.

Jesus dedicava muito de seu importante tempo à oração. Ele falava e era ouvido. Ele ouvia e entendia a vontade do Pai. Por isso, não é possível haver manuais sobre oração capazes de resolver nossos problemas. Alguém poderá dizer: "Mas a oração dominical (Pai-Nosso) é um modelo!". Sim, é um modelo, uma referência. E é por isso mesmo que não deve ser decorada a fim de ser repetida exaustivamente como um mantra.

A oração-modelo de Jesus (Mt 6.9-13; Lc 11.2-4) deve servir-nos apenas de referência, mas deve, principalmente, ser incorporada e vivida diariamente. Quero explicar melhor. A oração do Pai-Nosso deve ser o arcabouço de nossas orações; ela deve orientar nossos pedidos. Nessa oração, Jesus apenas deu uma dica de quais são os assuntos que devem receber maior atenção quando orarmos. Ali estão todos os temas de maior interesse para Deus, de que devemos tratar nos momentos em que passarmos diante dele em comunhão. É como o sumário de um livro. No sumário, o leitor encontra a indicação de determinado assunto do interior do livro, mas esse assunto não é discutido nem termina no sumário, nem o sumário encerra o livro. Pelo sumário vamos até a página inicial do capítulo que nos interessa e, então, lemos sobre aquilo que despertou nosso interesse.

Na oração do Pai-Nosso, cada expressão deve ser vista como o tópico de um índice: a partir do modo como Jesus ensinou, você e eu iremos orar, iremos tratar daquele assunto específico, e não somente repetir o que Jesus ensinou.

Acredite, muitas pessoas não sabem o que dizer quando estão diante de Deus, em oração. Não têm sequer cinco minutos de assunto com Deus diariamente. Muitas delas já me perguntaram: "Pastor, não sei orar como outras pessoas que oram bem; também não sei o que pedir a Deus. Não tenho tanto assunto assim para ficar vários minutos em oração!". O que lhes respondo? Podemos dar diversas respostas a essa pergunta. Que tal começar admirando a Deus pelo que ele é, pelos seus atributos, como onipotência, onisciência, onipresença e eternidade?

Normalmente digo a elas que peçam por sua vida. Esse pode ser o primeiro tópico. "Mas o que devo pedir para a minha vida?" Peça, por exemplo, em favor de sua vida profissional, a fim de que o Senhor o abençoe no emprego e lhe dê inteligência, determinação, dinamismo e capacidade para desenvolver bem suas funções. Você também poderá pedir por sua vida familiar, por algum parente que precise da intervenção divina. Poderá pedir por "vida pessoal" espiritual, que você cresça em conhecimento; para que, ao ler a Bíblia, possa entendê-la como nunca antes. Ainda dentro do tópico "vida pessoal", lembre-se de pedir que o Senhor use seus talentos naturais e espirituais em favor daqueles que precisam ser alcançados pelo amor de Jesus. Esta é uma orientação genérica; ela se aplica a qualquer pessoa.

Eu sugiro que depois se passe a um segundo tópico, por exemplo, "orar pela Igreja". Comece apresentando a congregação que frequenta; apresente o pastor, os auxiliares, os membros. Ore a Deus pelos novos convertidos, para que se firmem na fé, para que vençam os primeiros obstáculos e compreendam o real fundamento da fé conforme é descrito nas Escrituras.

Ainda dentro desse assunto de que tratará com o Senhor, você pode pedir que o evangelismo prospere e seja eficaz, que a verba destinada à evangelização seja usada de forma adequada e em recursos que sejam eficientes e necessários. Peça que haja pessoas interessadas em trabalhar na evangelização da sua comunidade, do seu bairro e cidade. Pode-se orar pelos missionários que vieram de outros países e pelos que foram do Brasil para outros lugares. Lembre-se ainda dos evangelistas que apresentam programas no rádio ou na TV. Eles também devem ser alvos de nossas orações, pois alcançam um grande número de ouvintes e telespectadores diariamente. Também os ouvintes e telespectadores devem ser motivo de nossas orações, porque são assediados por forças malignas que tentam impedir que ouçam a mensagem e se convertam posteriormente. Perceba que, dentro de um só tópico, há um grande número de assuntos, temas e motivos pelos quais devemos orar. Só nos dois tópicos que citei poderíamos gastar pelo menos uma hora em orações, sempre lembrando que quantidade não significa necessariamente qualidade.

Há, ainda, aqueles que dizem: "Pastor, não sei orar com as palavras com que o irmão ora". Isso é mais que evidente. Dificilmente encontraremos duas pessoas que dizem as mesmas coisas, da mesma maneira, com as mesmas palavras. Cada um de nós possui vocabulário próprio. Além disso, orar a Deus não é derramar sobre ele uma enciclopédia de palavras bonitas e difíceis. Há pessoas que se gabam de orar usando termos incomuns, mas, na verdade, fazem orações da boca para fora; não vivem nem sentem o que estão dizendo, e certamente suas palavras não chegam diante de Deus – antes são infrutíferas como as do fariseu que orava orgulhoso próximo a um pecador (Lc 18).

Sei de um caso em que, no final de um humilde culto, o dirigente pediu a um irmão que orasse pelo término da reunião. O irmão, vaidoso pela oportunidade, pôs-se a orar e recitar palavras difíceis e em alto som. A certa altura da oração, ele disse: "Ó Senhor, encha-nos das tuas iniquidades". Ora, sabemos que "iniquidades" são os atos resultantes do mal impregnado no coração de uma pessoa ímpia. Mas aquele irmão, ávido por falar difícil e impressionar os ouvintes, usou uma palavra cujo significado pensava conhecer e não conhecia.

Portanto, orar nada mais é do que dizer com naturalidade a Deus aquilo que pensamos durante o dia. Bultmann adverte que o que confere ao Pai-Nosso um caráter peculiar é sua grande simplicidade e concisão, a renúncia a invocações e reverências pomposas dirigidas a Deus, que são características, ao menos, das orações litúrgicas e literárias dos judeus.[5] A melhor linguagem para orar é a mesma que usamos no dia a dia. É claro que devemos evitar gírias e outras expressões usadas em circunstâncias específicas. Mas não há necessidade de criarmos um vocabulário próprio para falar com nosso Pai. É essa a resposta que costumo dar a quem me diz que não sabe mais o que pedir a Deus em oração. A propósito, petições não são o único elemento que compõe a essência da oração. A adoração e as ações de graças têm grande valor e devido lugar nos momentos que passamos diante do Criador.

A oração não é só petição. O apóstolo Paulo escreveu: *"Antes de tudo, recomendo que se façam súplicas, orações, intercessões e ações de graças por todos os homens"* (1 Tm 2.1). Tratarei desse assunto no Apêndice.

Há quatro tipos de oração revelados no texto de Paulo: a primeira, as *súplicas*, são clamores, orações intensas em favor de algo impossível aos nossos olhos. Quando o rei Josafá e todo o povo de Israel se viram cercados pelos exércitos dos moabitas e dos amonitas, o próprio rei, auxiliado pelo profeta Isaías, convocou todo o povo a orar a Deus a fim de que ele interviesse naquela situação. O primeiro resultado foi uma das mais belas e motivadoras orações encontradas na Bíblia (2 Cr 20.6-12). Considere a estrutura da oração de Josafá. Primeiro, ele reconheceu o senhorio, a soberania e a onipotência de Deus. Em seguida, fez uma pequena narrativa lembrando o passado do povo escolhido, dizendo que o próprio Deus havia dado aquelas terras aos judeus quando chamou Abraão.

Ora, Josafá disse, em outras palavras, que, se Deus havia chamado Abraão e, depois de tudo, havia lhe dado aquelas terras, é porque ele tinha um plano por trás das promessas e também porque os amonitas e os moabitas estavam desafiando não a Josafá, e sim ao próprio Senhor, que era o supremo dono daquelas e de outras terras.

Na continuação daquela oração, Josafá apresentou o problema do cerco que os inimigos fizeram ao povo de Deus. Note que interessante: só nessa terceira parte da oração é que o rei apresentou o problema a Deus. Normalmente somos tentados a orar apenas quando temos um problema e já iniciamos nossa oração reclamando ou pedindo aquilo de que necessitamos. Mas o experiente Josafá não fez assim. Ele adorou a Deus por sua grandeza, por seu poderio e misericórdia. Ele exaltou ao Senhor por ter um plano para a vida dele e de seus irmãos. Glorificou a Deus pelo chamado de Abraão, o qual, de certa forma, resultou em seu próprio chamado. E só então tocou no problema que o afligia naquele momento.

Para concluir, Josafá deixou registrada uma lição de dependência e submissão. Ele disse: *"Ó nosso Deus, não irás tu julgá-los? Pois não temos força para enfrentar esse exército imenso que vem nos atacar. Não sabemos o que fazer, mas os nossos olhos se voltam para ti"* (2 Cr 20.12). Veja como Josafá se derramou aos pés do Senhor, alegando que, ainda que tivesse um imenso exército a seu dispor, a vitória, na verdade, viria do Senhor. Ele disse que não havia forças maiores que as forças vindas do Senhor, mas que os olhos do rei e de todo o povo estavam atentos à proteção divina. O resultado final foi uma grande e inesquecível vitória do povo de Deus durante um culto de louvor (veja, no mesmo capítulo, o desfecho da história).

O segundo tipo de oração apresentado por Paulo quando escreveu a Timóteo foram as *orações* propriamente ditas. É por meio das orações que estabelecemos um relacionamento, graças ao diálogo e à reflexão. Oramos quando falamos com Deus como um filho conversa com o pai. E, para isso, não é necessário marcar hora nem local: podemos falar com ele quando e onde quisermos, durante o tempo que nos for possível, no trabalho, em casa, na escola, onde for.

Em terceiro lugar, Paulo mencionou as *intercessões*. Podemos dizer que interceder é, antes de mais nada, esquecermos de nós mesmos e apresentar a Deus as necessidades de outras pessoas. Jesus sempre intercedeu a nosso favor. Quando o diabo quis arruinar a vida de Pedro, Jesus disse ter rogado, isto é, intercedido junto ao Pai, em favor da vida espiritual de seu discípulo (Lc 22.31,32).

E, por último, Paulo mencionou as *ações de graças* por todos os homens, isto é, agradecimento a Deus pelas bênçãos já recebidas, pelos amigos, pelos pedidos a que ele atendeu quando intercedemos, quando clamamos, enfim, por tudo o que nos ocorre.

Considerada por esse ponto de vista, a oração deixa de ter o caráter de uma ação mecânica, sem atrativos, na qual perdemos tempo repetindo palavras premeditadas, e passa a ter o caráter de um relacionamento dinâmico, no qual não iremos apenas testar nosso vocabulário, mas, antes, nos relacionar com alguém superior que nos ama e quer nos ouvir falar de coisas ruins e boas, pedir-lhe e agradecer-lhe e dar-lhe o devido lugar, o lugar que merece ter em nossa vida: o primeiro.

JESUS NOS CHAMA A ORAR

Jesus passou por um problema com seus discípulos no jardim do Getsêmane. Na hora de sua maior aflição, os discípulos não conseguiram ficar acordados nem mesmo por uma hora e acompanhá-lo em oração. Jesus, então, perguntou: *"Vocês não puderam vigiar comigo nem por uma hora?"* (Mt 26.40).

A situação da Igreja atual está representada neste episódio: Jesus está orando, e seus discípulos permanecem dormindo. Podemos realizar a obra de Deus fazendo apenas aquilo que mais nos atrai, sem nos esforçarmos em oração. Podemos ser pregadores de projeção nacional sem ao menos manter uma vida de constante oração – afinal, pregar é técnica, e não devoção. Veja os políticos, os consultores que dão treinamento em empresas, os vendedores e tantos outros profissionais que dependem da oratória para realizar seu trabalho. Se pregar é técnica, qualquer um que a desenvolva pode ser um grande pregador.

Mas, se alguém prega e não ganha almas, não vê vidas sendo libertadas, casais se reconciliando, famílias sendo restauradas, não é porque não desenvolveu bem a técnica da oratória; antes, isso é resultado de ser pregador que não ora, que não intercede pelas pessoas que irão ouvir suas mensagens, é porque não clama por sua igreja, por sua cidade, por sua nação.

Embora concordemos que uma vida de oração consistente é fundamental, o desejo de orar não surge repentinamente. Esse desejo só nasce dentro de nós por meio do Espírito Santo de Deus. Só então, quando respondemos ao apelo desse desejo interior e genuíno, assumimos uma postura disciplinada e santa perante o Senhor. Só após responder a esse chamado é que somos capacitados para cultivar e desenvolver um tempo diário de oração consistente. Depois de nos disciplinarmos para orar, nossa vida de oração alcança um novo nível: o prazer, o deleite, o regozijo na alma pelos momentos passados diante do Senhor.

A maioria das pessoas quer mudar sua posição e postura diante de Deus, mas essa mudança exige o desejo interior e a disciplina, que até poderíamos chamar de *esforço próprio*. A partir disso é que se alcança o prazer na oração.

O Senhor tem mostrado às pessoas com vida de oração várias chaves para que a oração seja prazerosa. Essas chaves são encontradas na oração do Pai-Nosso, a oração-modelo, na qual Jesus aponta seis tópicos como um padrão a ser seguido debaixo da direção do Espírito Santo.

Quando eu oro usando esses tópicos como diretrizes, não estou correndo contra o tempo, ou seja, não estou repetindo rapidamente uma fórmula já existente. Ao contrário, necessito de tempo para me relacionar com meu Pai e deixo que minha alma o alcance em louvor, adoração e contemplação. Eu me concentro em um tópico até que o Espírito Santo me dirija ao próximo assunto, ao próximo motivo de oração.

Se eu me disciplinar a orar por determinado período todos os dias (por exemplo, pode-se começar com vinte minutos diários, já que Jesus se espantou de os discípulos não orarem nem uma hora) e, ao vencer os vinte minutos, eu ainda não terminei de orar por todos os seis tópicos, posso encerrar meu período e, da próxima vez que vier ao altar do Senhor, continuarei de onde parei. Posso continuar no mesmo dia, mais tarde, ou no dia seguinte. Eu não estou preso a um ritual; pelo contrário: estou desenvolvendo um relacionamento de amor com meu Senhor. Quando conversamos com um amigo e, por qualquer motivo, somos interrompidos, continuamos a conversa em uma próxima oportunidade no ponto exato em que paramos. Com Deus é assim também!

Seguindo esse esboço de oração dado por Jesus, logo nos encontraremos investindo uma hora ou mais durante o dia com ele, e nosso tempo de oração se transformará em momentos de prazer. Quando me disciplino a orar durante determinado período (uma hora a cada vez, por exemplo), algo sobrenatural acontece. Eu entro em uma nova dimensão com o Espírito Santo, onde experimento a unção e o poder de Deus como nunca antes.

Por isso, quero compartilhar com você, leitor, essa experiência sobrenatural. Não irei relatar sentimentos meus. Melhor que isso, vou apresentar-lhe os seis tópicos da oração do Pai-Nosso, para que você mesmo adote em sua vida essas orientações dadas por Jesus. Certamente, você também irá experimentar uma mudança radical em sua maneira de encarar a oração e verá os resultados práticos de uma vida de oração. É como escreveu o autor do provérbio: *"Ao homem pertencem os planos do coração, mas do Senhor vem a resposta da língua"* (Pv 16.1).

Melhor do que simplesmente orar é ver que fomos ouvidos e atendidos naquilo de que precisamos.

APLICAÇÃO

1. Estabeleça um período de tempo para começar a orar diariamente.
2. Escolha um local apropriado e tranquilo.
3. Comece dividindo sua oração em: a) adoração; b) ações de graças; c) intercessão por outras pessoas; d) petições pessoais; e) agradecimentos finais.
4. Se possível, após os minutos de oração, procure ler ao menos um capítulo da Bíblia. Se tiver dificuldade em escolher por onde começar, tente os Evangelhos, ou o livro de Provérbios, Salmos, Eclesiastes ou a carta de Tiago.

---

[1] FELTON, Jack; ARTERBURN, Stephen. *Mais Jesus, menos religião*. São Paulo: Editora Mundo Cristão, 2002. p. 19, 22.

[2] PEREIRA DA COSTA, Hermisten Maia. *O Pai Nosso*. São Paulo: Editora Cultura Cristã, 2001. p. 14.

[3] RYLE, J. C. *Meditações no Evangelho de Mateus*. São Paulo: Editora Fiel, 1991. p. 41.

[4] PEREIRA DA COSTA, Hermisten Maia. *Op. cit*, p. 14.

[5] BULTMANN, Rudolf. *Jesus*. São Paulo: Editora Teológica, 2005. p. 182.

1 João 5.14,15

Esta é a confiança que temos
ao nos aproximarmos de Deus:
se pedirmos alguma coisa de
acordo com a vontade de Deus,
ele nos ouvirá. E, se sabemos
que ele nos ouve em tudo o
que pedimos, sabemos que
temos o que dele pedimos.

A oração que Deus responde | **Magno Paganelli**

1

SE DEUS SABE E PODE TODAS AS COISAS, POR QUE ORAR?

Antes de nos aprofundarmos no tema do livro propriamente dito, creio ser necessário apresentar uma resposta à indagação levantada no título deste capítulo. A resposta a essa pergunta fornecerá mais segurança quando o leitor se dispuser a orar. E não apenas a segurança, mas compreenderá o papel fundamental do agente humano nessa atividade essencialmente espiritual - e real.

Quando digo que uma pessoa está caminhando, dou a entender alguns pressupostos: que alguém está em pé; que está trocando passos; que se dirige em determinada direção etc. Orar também traz algumas pressuposições, quais sejam:

Fé. Quero destacar que me refiro à fé no sentido *presente*, com a seguinte conotação: "Estou diante de Deus, agora, *pela* fé". A fé traz, também, o aspecto *futuro*, que aponta para aquilo que, eu creio, *irá* acontecer. Mas, neste ponto, quero chamar a atenção para o âmbito da fé *agora*, no momento presente.

Ninguém que se disponha a colocar-se diante de Deus o poderá fazer sem declarar *ter fé*. Fé é a base de toda atividade espiritual, especialmente das atividades cristãs, cujo livro texto, a Bíblia, declara ser a fé o fundamento sobre o qual tudo o mais é edificado; fé, sem a qual é impossível aproximar-se e agradar a Deus, o próprio motivo da nossa fé.

> *Ora, a fé é a certeza daquilo que esperamos e a prova das coisas que não vemos.* (Hb 11.1)
>
> *Sem fé é impossível agradar a Deus, pois quem dele se aproxima precisa crer que ele existe e que recompensa aqueles que o buscam.* (Hb 11.6)

Conhecimento. Orar pressupõe conhecimento sobre dois assuntos. Primeiramente, conhecimento sobre *a pessoa* a quem dirigimos nossas orações - Deus Pai. É a ele que fazemos nossas petições e rendemos ações de graças.

Segundo, orar pressupõe conhecimento sobre *o que é que se deve pedir* em oração para que ela seja legitimada. O apóstolo João informa que há orações que não são ouvidas, porque não refletem a vontade de Deus. Deus ouve (e, portanto, atende) as orações que são feitas dentro do espectro do seu plano e da sua vontade.

> *Esta é a confiança que temos ao nos aproximarmos de Deus: se pedirmos alguma coisa de acordo com a vontade de Deus, ele nos ouvirá.* (1 Jo 5.14)

Se Deus ouve o que é pedido de acordo com a sua vontade, deduzimos daí que as orações que não se enquadram nesse critério são também ouvidas por Deus (porque nada pode ser ocultado dele) sem, no entanto, serem atendidas. Deus tudo vê e tudo ouve. Mas o que não promove a sua vontade e não está dentro do seu plano não pode ser atendido por ele.

Assim, ter conhecimento sobre *a quem orar* e sobre *o que pedir* é essencial à prática da oração.

Esperança. Outro pressuposto pode ser apontado a quem se lança no trabalho da oração. A esperança, que está intimamente ligada à fé (*fé é a certeza daquilo que esperamos*), aponta para o futuro: "Eu creio (*tenho fé*) que aquilo que peço em oração *será* atendido em breve". Aquela pessoa que se coloca diante de Deus para fazer suas orações deverá ter essa disposição em mente. Caso contrário, ela não fará oração alguma!

Ainda há outros pressupostos sobre o ato da oração, sobre a disposição de quem ora, que serão discutidos mais detalhadamente no decorrer do livro. Mas e quanto ao lado divino, o agente sobrenatural (Deus) envolvido na oração, o que é possível dizer sobre ele? Certamente, muito pode ser dito dos atributos de Deus, a quem toda oração deve ser dirigida.

Três atributos, no entanto, são evocados quando oramos. São eles a *onisciência*, a *onipotência* e a *onipresença*. Em sua *onisciência*, Deus sabe todas as coisas, inclusive os pensamentos que serão transformados em palavras durante minha oração:

> *Antes mesmo que a palavra me chegue à língua, tu já a conheces inteiramente, Senhor.* (Sl 139.4)

Além disso, e mais interessante até, é que o Senhor, em sua perfeita justiça, santidade e equidade, conhece o meio perfeito para mover pessoas e circunstâncias a fim de atender determinado pedido. Ele jamais atenderá certos pedidos feitos sem que se saiba o que envolve tal petição. Não restam dúvidas de que o Senhor avalia a situação, as partes envolvidas, as motivações, as intenções, seus próprios propósitos e, então, determina o que acontecerá e como as orações poderão ser atendidas. Devo confessar que essa reflexão não leva em conta diversos outros aspectos, como a doutrina calvinista da predestinação. Esse não é nosso assunto aqui.

Já em sua *onipotência*, Deus pode realizar todo o seu propósito, todos os seus intentos:

> *O Senhor desfaz os planos das nações e frustra os propósitos dos povos. Mas os planos do Senhor permanecem para sempre, os propósitos do seu coração, por todas as gerações.* (Sl 33.10,11)

Uma característica fundamental aqui é outro atributo de Deus: sua *soberania*; por "soberano" entendemos aquele que toma decisões e as leva a efeito sem a necessidade de conselho externo ou auxílio de terceiros. Deus decide e executa o seu plano, porque é *soberano* e *onipotente*.

> *O Senhor assentou-se soberano sobre o Dilúvio; o Senhor reina soberano para sempre.* (Sl 29.10)

E, como último atributo de Deus, temos a *onipresença*. Deus, e somente ele, é onipresente: está em todos os lugares ao mesmo tempo. Se me coloco a orar, devo, necessariamente, crer que ele está onde estou e me ouve. Mas isso não garante a onipresença de Deus. Se, porém, ao iniciar minhas orações, eu pensar que milhares e milhares de pessoas ao redor do planeta podem também estar orando ao mesmo tempo que eu, aí, sim, devo supor a onipresença de Deus e crer nela. Deus está em todos os lugares, e não somente para ouvir nossas orações, mas para salvar, curar, dar livramentos, enfim, zelar amorosamente por aqueles a quem criou e pelos que o servem.

Um texto bastante esclarecedor sobre a onipresença de Deus e o modo como se revela a nós está no Salmo 139.7-12:

> “*Para onde poderia eu escapar do teu Espírito? Para onde poderia fugir da tua presença? Se eu subir aos céus, lá estás; se eu fizer a minha cama na sepultura, também lá estás. Se eu subir com as asas da alvorada e morar na extremidade do mar, mesmo ali a tua mão direita me guiará e me susterá. Mesmo que eu diga que as trevas me encobrirão, e que a luz se tornará noite ao meu redor, verei que nem as trevas são escuras para ti. A noite brilhará como o dia, pois para ti as trevas são luz.*”

É diante de um Deus assim que nos colocamos para orar. Certamente faltarão palavras se quiser entrar em maiores detalhes sobre seus atributos, dos quais citei apenas três (quatro com a *soberania*) e nem sequer comecei a explicá-los com mais profundidade.

Após esse brevíssimo comentário, a pergunta que dá título ao presente capítulo fará mais sentido: “Se Deus sabe e pode todas as coisas, por que orar?”.

Dessa pergunta surgem outras, por exemplo: Deveríamos informar a Deus aquilo que ele já sabe? Se ele já sabe tudo, não deveria agir independentemente de nossa oração? Se ele é soberano, de que forma minha oração poderá influir em suas decisões? Se ele pode todas as coisas, que contribuição minha oração poderá trazer?

Bultmann levantou questões como essas:

> *Essa fé na oração pode coexistir com a ideia da onipotência? Trata-se ainda de Deus, se ele pode ser influenciado em seu agir pelas petições dos seres humanos? Tendo tal pressuposto, quem ora não estaria invalidando a ideia da onipotência?*[1]

A lista de indagações poderá ser estendida ainda mais. Mas este não é um livro de filosofia. O aspecto prático da questão poderá surgir sem que o exercício filosófico seja necessário. Basta nos voltarmos para o que as Escrituras afirmam e declaram sobre o assunto.

Já no Antigo Testamento, vemos a oração de petição – no caso, um clamor, o qual mudou o curso das coisas que haviam sido preditas por Deus, por meio de seus profetas. Jonas (aproximadamente 780 a.C.) foi incumbido de profetizar contra a grande cidade de Nínive, capital da Assíria. O teor da mensagem era de condenação e anúncio do juízo iminente. Ao tomar conhecimento da denúncia que o profeta trazia da parte de Deus, o rei daquela cidade decretou:

> *Por decreto do rei e de seus nobres: Não é permitido a nenhum homem ou animal, bois ou ovelhas, provar coisa alguma; não comam nem bebam! Cubram-se de pano de saco, homens e animais.* ***E todos clamem a Deus*** *com todas as suas forças. Deixem os maus caminhos e a violência.* ***Talvez Deus se arrependa e abandone a sua ira, e não sejamos destruídos.*** (Jn 3.7-9; grifo meu)

Temos aqui um grande problema, além do que tenho proposto: *o arrependimento de Deus*. Essa expressão tem causado discussões, uma vez que outras passagens das Escrituras afirmam que Deus não é homem para mentir, nem filho do homem para se arrepender (Nm 23.19). A meu ver, o impasse se desfaz levando-se em consideração as diferentes circunstâncias do termo "arrependimento".

Deus não se arrepende daquilo que planeja fazer em linhas gerais. Ele planejou o mundo, o fez e não se arrependeu; ele enviou seu Filho para salvar o pecador, e não se arrependeu; ele perdoou o homem pecador, que, em seguida, voltou a pecar, mas Deus não se arrepende de ter-lhe perdoado.

No entanto, como o propósito de Deus é salvar o maior número de pessoas, podemos dizer (e a Bíblia o faz) que Deus *se arrepende* no sentido de decidir *voltar atrás* em sua decisão de condenar o homem que se voltou (*converteu*) a ele. Em outras palavras, Deus condena e decide exercer juízo sobre alguém que insiste no pecado, mas não sobre aquele que deixa o seu caminho e volta-se para o Salvador. Mas, ao anunciar que fará isso, a pessoa se arrepende do pecado e se volta para Deus, que, então, retira (*arrepende-se*) a condenação e aplica a essa pessoa o seu amor. O plano de Deus revelado nas Escrituras não é destruir pessoas, mas salvá-las. Essa é a base para a compreensão que devemos considerar, quando lemos que houve mudança de atitude da parte de Deus:

> *Da mesma forma, o Pai de vocês, que está nos céus,* ***não quer que nenhum destes pequeninos se perca.*** (Mt 18.14; grifo meu)

> *O Senhor não demora em cumprir a sua promessa, como julgam alguns. Ao contrário, ele é paciente com vocês,* ***não querendo que ninguém pereça, mas que todos cheguem ao arrependimento.*** (2 Pe 3.9; grifo meu)

É nesse sentido que a oração, o clamor, poderá mudar uma determinação divina. Quando tal oração expressa a mudança de comportamento e disposição humana, ela faz sentido no ambiente em que a onisciência e a soberania de Deus imperam.

Ainda no Antigo Testamento, a oração é apresentada como mandamento do próprio Deus. Isso implica que, mesmo em sua onisciência, a oração é levada em conta pelo soberano. Veja:

> *Assim diz o Senhor que fez a terra, o Senhor que a formou e a firmou; seu nome é Senhor: Clame a mim e eu responderei e lhe direi coisas grandiosas e insondáveis que você não conhece.* (Jr 33.2,3)

O próprio Senhor manda que o profeta Jeremias avise ao povo: "Clamem a mim". Com que finalidade? De o Senhor trazer novas revelações sobre o destino de Judá e Israel. Deus anuncia que os babilônios estavam prestes a levar o povo para o cativeiro. Mas ele queria dizer como seria a vida do seu povo dali em diante e motivá-lo ao arrependimento.

Anos mais tarde, os estoicos, em sua piedade, tiraram uma conclusão contrária da bondade infinita e da providência divina, declarando a oração de petição nula, por contrariar a onipotência e a onisciência divinas.[2] Certamente, em seu rigor doutrinário, os estoicos condenavam petições por coisas materiais supérfluas. Mas mesmo a questão da prosperidade é enfatizada por Deus no caso dessa profecia dita por Jeremias. Na continuação do texto, o profeta diz as seguintes palavras de Deus:

> *Todavia, trarei restauração e cura para ela; curarei o meu povo e **lhe darei muita prosperidade** e segurança.* (Jr 33.6; grifo meu)

Assim, Deus adverte que: 1) clamem a ele; e 2) o clamor revelará a prosperidade futura que eles terão. Jesus, por sua vez, considera a oração de petição um direito dos filhos e filhas de Deus.[3]

> *Peçam, e lhes será dado; busquem, e encontrarão; batam, e a porta lhes será aberta.* (Mt 7.7)

Dessa forma, a oração de petição não pode ser considerada nula; antes, é uma ordenação, tanto no Antigo quanto no Novo Testamento, e o que está implícito é a ideia do relacionamento entre Deus e o homem com o propósito de melhorar a condição deste. A oração não altera a Deus nem mesmo sua soberania; ela não diminui a onipotência de Deus. Sua função, dentro dos atributos divinos (onipotência, onisciência, onipresença e soberania), é fornecer elementos e mecanismos para que, por meio da ação divina *na oração*, o homem seja beneficiado.

A oração contribui com o amadurecimento espiritual do homem; ela fortalece sua vida espiritual; traz intimidade do homem com o seu Criador; a oração subjuga os desejos humanos e exalta a vontade de

Deus. Muitos são os benefícios que a oração poderá trazer, e todos eles são desfrutados pelo homem que ora.

Assim, por meio da oração, Deus não é alterado em sua essência e atributos, mas o homem é. E, por isso, o Senhor ordena que façamos nossas orações, que tenhamos vida espiritual dinâmica e ativa, vida *viva* diante dele.

Agostinho disse que sua oração era a expressão do amor que sentia pelo seu Senhor:

> *Narro estas coisas* [referindo-se à sua oração] *pelo desejo de Vos amar. Também nós oramos, e, contudo, a Verdade diz-nos: 'O vosso Pai conhece o que vos é necessário, antes de Lho pedirdes'.*[4]

Considerada sob esse ponto de vista, a oração não tem relação com a soberania, a onipotência ou a onisciência de Deus. Ela tem a ver com o homem e seu estado. Quando digo a Deus aquilo que ele já sabe, estou praticando um exercício em que espontaneamente abro meu coração e estabeleço um diálogo, uma relação que Deus espera que eu crie com ele. Quando levo ao seu altar meus pecados mais íntimos, mais obscuros, estou favorecendo não a ele, mas a mim mesmo, pois estou promovendo um ato de humilhação e quebrantamento de minha vontade, da dureza do meu coração. Ninguém, além de mim mesmo, pode ser beneficiado ou mudado com uma atitude dessas.

Se Deus sabe daquilo que oculto em meu ser, por que contar-lhe? Essa pode ser uma paráfrase mais explícita do título do capítulo. Se ele sabe do meu coração, do que tenho vergonha, ao contar-lhe, descarrego meu fardo pesado e tomo o fardo dele sobre meus ombros; o fardo de Deus é leve, infinitamente mais leve que o do pecado. Se Deus sabe o que vou pedir, peço mesmo assim, para que me habitue a confessar a ele e a abrir meu coração e declarar que realmente ele é o Todo-poderoso e só ele pode me ajudar. De que adianta chorar diante de um amigo, sem contar-lhe o que se passa conosco? O amigo é aquele que nos ouve e nos aconselha. Jesus disse que já não nos chama servos, mas amigos:

> *Já não os chamo servos, porque o servo não sabe o que o seu senhor faz. Em vez disso, eu os tenho chamado amigos.* (Jo 15.15)

Mas as orações feitas por crentes da sociedade dita pós-moderna não têm a mesma conotação, o mesmo sentimento que as tradicionais orações. As modernas orações já não "pedem" - "decretam". Bornkamm identifica essa característica dos cultos realizados nos últimos dias.

> *A pessoa moderna pensa que a oração é coisa de quem já não está mais à procura, mas de quem já encontrou, de quem já não está mais do lado de fora batendo à porta, mas que já atravessou o umbral para o âmbito de vida que permite uma movimentação ininterrupta entre o além e o aquém, entre Deus e o que ora e entre este e Deus.*[5]

Essa é a mentalidade pós-moderna. A submissão à vontade de alguém que não seja eu mesmo é uma virtude impensável. Portanto, alguns segmentos evangélicos já não oram para que Deus revele a sua vontade, mas decretam que Deus faça a vontade deles. É uma completa inversão de valores e uma atitude perigosa com relação a todo o restante do ensino bíblico.

O que Bornkamm está dizendo, em outras palavras, é que, nas modernas orações-decreto, o crente está convencido de que Deus tem condições, recursos e vontade de satisfazer nossas necessidades. Para tanto, é preciso "tomar posse", o que é feito por meio dos tais "decretos". Assim, as orações são monólogos (*Deus não diz nada, apenas eu oro e digo coisas que interessam a mim*) imperativos (*ordeno que seja feito assim e assim*).

Não batem à porta, como Jesus disse que fizessem (*"Batei, e se abrirá"*). Consideram que já estão dentro; agora basta servir-se. *Se a Bíblia promete coisas que lá estão, então elas são nosso direito.* Essa é a defesa daqueles que creem assim. Nós, entretanto, preferimos o modo comumente aceito. A respeito da oração, considere que:

1. é uma ordenança divina desde o Antigo Testamento;
2. ela deve cumprir o propósito de fazer-me mais humilde e submisso à vontade daquele que é maior que eu;
3. ela deve ser feita segundo a vontade do Senhor, para que ele a atenda;
4. ela mede o nível de intimidade e relacionamento do crente com Deus;
5. ela deve ser feita, mesmo Deus sabendo e podendo todas as coisas.

Podemos falar muito mais sobre a oração. E esse é o assunto para o qual passaremos agora.

APLICAÇÃO

1. Saber que Deus é onisciente deve mudar meu comportamento, porque ele sabe, vê e ouve tudo o que faço diariamente, desde o meu levantar até o momento em que me deito. Procure lembrar-se de que o Senhor sabe o que se passa com você a cada momento.
2. A onipotência de Deus me diz que ele não somente está comigo na igreja, no momento do culto, mas também em minha casa, em meu trabalho, no colégio, enfim, em cada lugar aonde eu posso ir. Isso é fundamental para que eu creia na proteção divina sobre minha vida.
3. A soberania de Deus ensina que ele pode fazer coisas sem a minha participação; ele decide o que fazer, quando e como fazer, sem ao menos consultar-me. Mas minhas orações levam-me a participar e a conhecer os seus planos para minha vida. Se ele é Deus, devo aprender que ele sabe o que é melhor para mim, e que seus planos são melhores que os meus.

---

[1] BULTMANN, Rudolf. *Jesus*. São Paulo: Editora Teológica, 2005. p. 186.
[2] BORNKAMM, Günther. *Jesus de Nazaré*. São Paulo: Editora Teológica, 2005. p. 222.
[3] *Ibid.*
[4] AGOSTINHO, santo. *Confissões*. São Paulo: Nova Cultural, 1996. p. 310.
[5] BORNKAMM, Günther. *Jesus de Nazaré*. São Paulo: Editora Teológica, 2005. p. 222.

Salmo 139.7-10

Para onde poderia eu escapar do teu Espírito? Para onde poderia fugir da tua presença? Se eu subir aos céus, lá estás; se eu fizer a minha cama na sepultura, também lá estás. Se eu subir com as asas da alvorada e morar na extremidade do mar, mesmo ali a tua mão direita me guiará e me susterá.

QUESTÕES PARA REVISÃO

1. A oração traz algumas pressuposições. Qual das opções abaixo não é uma pressuposição da oração?
   - [ ] humildade;
   - [ ] fé;
   - [ ] esperança;
   - [ ] conhecimento.

2. A fé que demonstro quando oro é a base, o fundamento de quê?

   ....

   ....

   ....

   ....

3. Quando Pedro diz que Deus não demora em cumprir suas promessas (2 Pe 3.9), ele conclui dizendo o motivo pelo qual a demora se dá. Qual é esse motivo?
   - [ ] Para que o crente seja provado em sua paciência.
   - [ ] Para que todos cheguem ao arrependimento.
   - [ ] Para provar se realmente desejamos permanecer diante dele.
   - [ ] Para demonstrar o modo como Jesus suportou problemas humanos.

4. Quais os quatro atributos divinos apresentados neste capítulo?

a) ....

b) ....

c) ....

d) ....

5. Como o conhecimento da onipresença pode alterar o aspecto prático da minha fé?

....

....

....

....

6. Em que livro do Antigo Testamento Deus usou um profeta para dizer ao povo que clamasse?

☐ Jonas.

☐ Malaquias.

☐ Isaías.

☐ Jeremias.

7. Complete os seguintes versículos:

a) "*Todavia, trarei restauração e cura para ela; curarei o meu povo e lhe darei muita* .... *e* ....*"* (Jr 33.6).

b) "*Já não os chamo* ...., *porque o* .... *não sabe o que o seu senhor faz. Em vez disso, eu os tenho chamado* ....*"* (Jo 15.15).

8. Marque V para verdadeiro e F para falso.

☐ Deus sabe tudo, mas tem dúvidas em relação ao que eu decidirei no futuro.

☐ Se eu orar de acordo com o que a Bíblia diz, de acordo com suas promessas, posso esperar ser atendido por Deus.

☐ A palavra de Deus garante que qualquer oração feita, seguida do acréscimo "em nome de Jesus", tem condições de ser atendida.

☐ A oração de persuasão pode mudar os planos de Deus. Caso contrário, ela não existiria.

☐ Já que Deus sabe todas as coisas, devo orar apenas pelos projetos futuros.

9. Os estoicos acreditavam que a oração de petição não tinha valor prático. Que argumento ou texto bíblico você usaria para refutar esse equívoco?

....

....

....

....

10. Qual das seguintes considerações a respeito da oração é falsa?

☐ É uma ordenança divina desde o Antigo Testamento.

☐ Ela deve cumprir o propósito de fazer-me mais humilde e submisso à vontade daquele que é maior que eu.

☐ Ela deve ser feita segundo meus planos e apresentada ao Senhor em espírito humilde.

☐ Ela mede o nível de intimidade e relacionamento do crente com Deus.

☐ Ela deve ser feita, mesmo Deus sabendo e podendo todas as coisas.

2

“SANTIFICADO SEJA O TEU NOME”

O SERMÃO DA MONTANHA

Mahatma Gandhi disse que se todos os livros do mundo fossem perdidos e apenas o Sermão da Montanha restasse, nada teria sido perdido.

Esse sermão, pelo que se lê, isto é, pela extensão que está registrada nos Evangelhos, deve ter sido proferido em alguns poucos minutos; cerca de quinze, talvez. Não muito mais que isso.

Seu tamanho compacto contribui ainda mais para acentuar as suas riquezas – morais e disciplinares; se preferir, espirituais e divinas. A ordem aqui não altera o valor do sermão, mesmo porque são afirmações decorrentes umas das outras. No entanto, deve-se destacar o impressionante poder de síntese que o sermão como um todo possui. Em pouquíssimas palavras, um vasto e profundo conteúdo prático, exegético, apologético e teológico.

Alguns comentaristas da Bíblia acreditam que os autores dos dois evangelhos que narram esse sermão (Mateus 5.3-7.27, de forma mais completa; Lucas 6.17-49, de forma mais concisa) se valeram de vários discursos de Jesus, proferidos ao longo de sua vida e ministério, e juntaram os assuntos que foram mais enfatizados, a fim de apresentá-los no modo como ficou conhecido: o *Sermão da Montanha*.

Não que esse sermão não tivesse acontecido de fato; certamente aconteceu, pois Mateus escreve: *"E Jesus, vendo a multidão, subiu a um monte"* (Mt 5.1). Mas essa "pregação" teria sido a que mais se destacou, talvez pela abrangência, ou por outro motivo qualquer, que chamou a atenção dos evangelistas.

O sermão pode ser dividido em várias partes distintas: as bem-aventuranças; Jesus e sua interpretação da Lei de Moisés (*"Ouvistes o que foi dito... eu porém vos digo..."*); a prática da caridade; oração e jejum; efeitos negativos da ansiedade e a confiança no Pai celestial e suas palavras finais sobre os caminhos do coração humano.

Em cada uma das partes, Jesus surpreende com ideais para a vida cristã que, à primeira vista, parecem impossíveis de serem alcançados; mas, quando são encarados como o *querigma* (a mensagem central do Cristianismo), o parâmetro que o Filho de Deus apresentou para que os homens se beneficiassem ao segui-lo, encontra-se um caminho até então desconhecido e estranho à nossa realidade e aos nossos próprios padrões.

O Sermão revela o sentido em que o cristão deve dirigir-se. Certamente a humanidade caminha no sentido oposto; o cristão deve andar na contramão da sociedade no que diz respeito aos valores e critérios pelos quais baliza sua vida.

É nesse cenário que o Pai-Nosso aparece. Jesus está ensinando aos seus discípulos os fundamentos do que se tornou o Cristianismo e, em dado momento, ele abre um parêntese para ensiná-los a orar. Não faz isso sem antes contrastar o modo como os pagãos praticam as suas orações.

Mateus insere o ensino sobre a oração entre dois temas fundamentais: a ajuda aos necessitados e a prática do jejum. Em Lucas, o Pai-Nosso não aparece no Sermão da Montanha, mas, após seus discípulos o verem orando, pedem que os ensine a orar (Lc 11.1ss).

A oração do Pai-Nosso consiste em dez partes ou sentenças. Há uma declaração que diz respeito ao Ser a quem oramos. Há quatro petições a respeito de nossas necessidades diárias, nossos pecados, nossas debilidades e perigos que corremos. Há uma atribuição final de louvor. Em todas essas partes da oração, somos ensinados a dizer "nós" ou "nosso". Devemos nos lembrar das outras pessoas, tanto quanto de nós mesmos,[1] excluindo toda a possibilidade de sentimentos egoístas em nossa oração, o que deve ser transferido para nosso viver diário.

Para simplificar o nosso estudo, quero dividir a oração do Pai-Nosso em duas grandes partes. A primeira induz quem ora a voltar-se exclusivamente para Deus: "Pai nosso que estás no céu".

Como vimos, quando Jesus ensinou essa oração, ele estava pregando o conhecido *Sermão da Montanha*. Parece-nos que a maior preocupação de Jesus ao ensinar essa oração foi responder, ainda que indiretamente, a seguinte questão: "A quem devo orar?". Essa questão aflige o homem que não conhece a Deus desde a Antiguidade.

Quando lemos Atos dos Apóstolos, vemos que o apóstolo Paulo esteve em Atenas, na Grécia (At 17.22,23). A situação espiritual dos atenienses chamou a atenção de Paulo, pois eles possuíam altares para centenas de deuses que adoravam. Para cada tipo de problema havia um deus. Havia até um altar AO DEUS DESCONHECIDO, feito cerca de seiscentos anos antes, por ordem de Epimênides, um profeta da ilha de Creta.

Epimênides sabia que os atenienses gostavam de dominar seus deuses e mantê-los sob controle. Mas eles acreditavam que isso só era possível se soubessem o nome e a história desse deus. Então, após clamar e o Senhor banir uma peste que assolava a Grécia, Epimênides disse que aquele Deus Todo-poderoso não podia ser domesticado como os demais deuses adorados pelos gregos. Se quisessem honrá-lo, que o fizessem de coração e com entendimento, mas de modo algum poderiam controlá-lo. Foi então que surgiu o altar AO DEUS DESCONHECIDO.

Hoje, dois mil anos depois de Jesus ter ensinado o Pai-Nosso, parece que a situação, em alguns lugares do mundo, não mudou muito. As pessoas ainda não sabem em quem centralizar e a quem dirigir suas orações e mantêm pequenos altares em casa, com a imagem de vários deuses ou pretensos santos. Quando algum problema surpreende essas pessoas, elas apelam para qualquer tipo de ajuda, venha ela de onde vier. Assim, vão se envolvendo com todo tipo de crença e tornando sua fé e sua religião sincréticas, e o fim é a confusão generalizada na mente de quem age assim. Se alcançarem algum benefício, não sabem ao certo a quem agradecer, uma vez que pediram auxílio a todos os seus deuses!

Esse não é um bom sinal, pois indica a prática da religiosidade egoísta: o que importa é que eu tenha minhas necessidades atendidas. O Deus revelado na Bíblia quer resolver nossos problemas, mas a adoração a ele, dado ser o Todo-poderoso, não pode, em momento algum, ser negligenciada. Calvino, respondendo à pergunta sobre "por que orar se Deus sabe tudo", também nos deu uma boa palavra sobre pessoas que oram apenas para saciar suas necessidades pessoais:

> *Os crentes não oram com a intenção de informar a Deus sobre coisas que ele desconheça, ou para incitá-lo a cumprir o seu dever, ou para apressá-lo, como se ele fosse relutante. Pelo contrário, oram para que assim possam despertar-se e buscá-lo, e assim exercitem sua fé na meditação das promessas de Deus, e aliviem suas ansiedades, deixando-as nas mãos dele; numa palavra, oram com o fim de declarar que sua esperança e expectativa de coisas boas, para eles mesmos e para os outros, está só nele. Lutero resumiu-o mais sucintamente: 'Através de nossa oração... instruímo-nos mais a nós mesmos do que a ele.'*[2]

A segunda parte do Pai-Nosso visa ao próprio homem. Após dirigir-se exclusivamente a Deus, adorá-lo em reverência e louvor, vamos falar com ele sobre nossa vida, sobre nossas necessidades físicas e espirituais, sobre nossas ansiedades, como "dá-nos hoje o nosso pão de cada dia" e "não nos deixes cair em tentação".

Assim, Jesus está mostrando que essa grande e poderosa oração não visa exclusivamente a Deus nem exclusivamente ao homem. Ela é "teocêntrica" (procura a glória de Deus e seu Reino), sem ignorar as necessidades humanas. Nesse aspecto, ela é *inteligente*, e não *antropocêntrica*, porque fala de necessidades reais, não de vaidades e excessos. É um grande exercício espiritual, pois nos faz dar a Deus o devido tempo, a devida atenção e o devido lugar. Isso evita que oremos somente em nosso favor e alimentemos um espírito personalista, para não repetir o termo egoísta.

Quando colocamos Deus em primeiro lugar e esquecemos por um momento de nós mesmos, damos a ele a oportunidade de se revelar a nós, pois nossa alma e espírito se abrem para o Santo Espírito atuar.

Esse primeiro tópico da oração nos mostra que, além de adorar ao Senhor como nosso Pai, também nos apropriamos de suas promessas. No Antigo Testamento era assim, e todos os seus filhos se dirigiam exclusivamente a ele. Vimos que o rei Josafá, diante do novo átrio do templo do Senhor, ergueu-se na presença da grande assembleia dos homens de Judá e de Jerusalém e orou: *"Senhor, Deus dos nossos antepassados, não és tu o Deus que está nos céus?"* (2 Cr 20.5,6).

Outro rei, Davi, deixou muitas de suas orações registradas, principalmente no livro de Salmos. Em uma dessas orações, registrada no Salmo 38, Davi dirige a Deus as palavras: *"Senhor, não me repreendas no teu furor nem me disciplines na tua ira"*.

Outro grande personagem do Antigo Testamento é o profeta Jeremias. Quando foi chamado por Deus para uma missão, o profeta orou ao Senhor: *"Ah, Soberano Senhor! Eu não sei falar, pois ainda sou muito jovem"* (Jr 1.6). O que ele queria dizer é que não tinha a experiência necessária para a missão que o Senhor lhe dava. Mas nossa capacidade para realizar as obras de Deus vem dele mesmo. Quando ele nos chama, certamente também nos capacita para a devida finalidade.

Ainda no livro do profeta Jeremias, há o registro de uma palavra dada por Deus ao seu povo, dizendo que eles não olhassem para outros deuses; antes, que clamassem ao Pai: *"Clame a mim e eu responderei e lhe direi coisas grandiosas e insondáveis que você não conhece"* (Jr 33.3).

Quando dirigimos nossas orações a Deus, podemos confiar que seremos ouvidos. Quem clama a outros deuses não pode ter a mesma confiança e certeza. Jesus ensinou a orar somente ao Pai e pedir tudo em seu nome. Veja o que está escrito nos Evangelhos: "Eu lhes asseguro que *meu Pai* lhes dará tudo o que pedirem *em meu nome*" (Jo 16.23, grifo meu).

Há pessoas que oram em nome de Jesus, mas dirigem suas orações a Maria, mãe de Jesus. Outras oram em nome de Jesus, mas suas palavras vão para algum dos apóstolos ou algum santo da história da Igreja. Essas orações jamais poderão ser atendidas. Nenhuma outra pessoa poderá trazer as bênçãos e promessas de Deus para o homem, a não ser o próprio Jesus. Se você deseja ou já tem se apropriado das promessas de Deus para você e sua família, preste atenção nisto: ore apenas a Deus, em nome de Jesus, seu Filho.

O apóstolo Paulo, quando escreveu uma de suas cartas a Timóteo, ensinou o seguinte: "Pois há um só Deus e um só mediador entre Deus e os homens: o homem Cristo Jesus" (1 Tm 2.5). O que isso significa? Paulo estava dizendo que entre nós, os homens, e Deus, apenas o Filho do Altíssimo, Jesus Cristo, pode "mediar", isto é, fazer o intercâmbio, servir de condutor.

Quando alguém vai a um país e não fala a língua nativa daquele povo, precisa de um tradutor para interpretar os diálogos. De nada adianta ficar falando em sua língua uma ou duas horas, se não houver quem traduza suas palavras. A maioria das pessoas no Brasil não entende outros idiomas, assim como muitos estrangeiros não entendem o português. Então, se não houver um mediador, não haverá comunicação, não haverá comunhão nem relacionamento entre nós e eles. A tentativa de relacionamento ficará infrutífera.

Algo semelhante acontece na dimensão do Espírito. Se Jesus não realizasse a obra expiatória na cruz do Calvário e depois fosse interceder e mediar em nosso favor, não adiantaria ficarmos pedindo, orando, ofertando ou dizimando, fazendo campanhas de oração e jejum, pois a ligação entre nós e Deus não existiria. Mas a obra de Jesus foi completa e a separação entre o homem e Deus é intermediada com sucesso por ele.

Quando você e eu oramos, quatro agentes são envolvidos na oração. Em primeiro lugar, a Bíblia diz que "Porque Deus tanto amou o mundo que *deu o seu Filho* Unigênito" (Jo 3.16; grifo meu). Em segundo lugar, Jesus morreu por nossos pecados, porque Deus o deu ao mundo, e essa era a vontade do Pai. Em terceiro lugar, o Espírito Santo veio como o *outro Consolador* no lugar de Jesus, e veio porque Deus o enviou –*"Mas aquele Consolador, o Espírito Santo, que o Pai enviará em meu nome"* (Jo 14.26). E o quarto agente somos nós.

Quando oramos, todos esses agentes estão envolvidos. É o Espírito Santo quem nos *guia* a orar. É ele quem nos *incentiva* e *dirige* nossas orações a Deus. Por sua vez, é Jesus quem *intercede*, quem media, quem traduz nossas orações, nossas necessidades e anseios ao Pai. Por isso, nunca pense que, ao orar, você se ajoelha e permanece ali, sozinho, sem ninguém para ouvi-lo. Toda a Trindade divina está atenta e envolvida nisso.

Antes de ensinar a oração do Pai-Nosso, Jesus apresentou três negativas sobre a oração. Falaremos sobre elas no decorrer do livro, mas aqui cabe destacar a primeira delas. Jesus advertiu:

> *E, quando vocês orarem, não sejam como os hipócritas. Eles gostam de ficar orando em pé nas sinagogas e nas esquinas, a fim de serem vistos pelos outros. Eu lhes asseguro que eles já receberam sua plena recompensa. Mas, quando você orar, vá para seu quarto, feche a porta e ore a seu Pai, que está em secreto. Então seu Pai, que vê em secreto, o recompensará.* (Mt 6.5,6)

Nessa primeira negativa, Jesus nos adverte a não sermos como os hipócritas. Ele diz que os tais fazem questão de mostrar às demais pessoas que estão orando, que têm comunhão com Deus e que, portanto, estão acima de qualquer suspeita na questão religiosa. Certamente, aos seus próprios olhos, não são pecadores, mas santos homens de Deus.

Jesus não atesta a integridade desses homens nem o modo como oram. Ao contrário, ele nos aconselha a entrarmos no quarto e fecharmos a porta antes de iniciar nossas orações. Vejo nessas palavras uma forte indicação de que a oração a Deus é algo tão íntimo quanto o relacionamento de um casal.

Por que o casal, ao conversar coisas que lhe diz respeito, fecha a porta do quarto onde está? Porque não querem ser vistos, não querem ser incomodados, não querem que as pessoas ouçam o que irão dizer; isolam-se porque querem se desligar das demais coisas, deixando-as do lado de fora. Mas o fazem também quando vão praticar algo íntimo. De modo semelhante, quando fechamos a porta para orar, vamos tratar de assuntos de família. Nós, os filhos, vamos falar com nosso Pai. Portanto, devemos ter a atitude correta e tratá-lo como tal: o Pai nosso.

Dwight Pentecost aponta ainda uma questão interessante nessa frase dita por Jesus.

> *A oração é comunicação em particular. Significa, isto, pois, que não há lugar para a oração em público? Não, porque, quando dois corações, ou mesmo duzentos, estão unidos como um só coração, eles se ocupam com o Pai, e não com os observadores. Muitos podem tornar-se em um só quando os corações se unem em sujeição a Deus e se ajuntam em adoração.*[3]

Assim, a oração em grupo, como nas igrejas, só terá sentido pleno, adequado ao que Jesus disse sobre intimidade, quando o grupo orar com os mesmos propósitos, a saber, adorar a Deus pelo que ele é; render-se a ele, porque somos ínfimos diante dele; interceder pela expansão de seu Reino e apresentar nossas necessidades com gratidão pela certeza de que o Pai tem cuidado de nós.[4]

A oração começa, então, em particular ou em público, com aquele que ora chamando nosso Deus de Pai e agradecendo-lhe por enviar seu Filho para nos redimir. Se não fosse por seu Filho, não poderíamos chamá-lo de Pai. A única razão para crermos que existe um relacionamento de Pai e filho entre nós e Deus é a morte de Cristo na cruz:

> *Mas, quando chegou a plenitude do tempo, Deus enviou seu Filho, nascido de mulher, nascido debaixo da Lei, a fim de redimir os que estavam sob a Lei,* ***para que recebêssemos a adoção de filhos****. E, porque vocês são filhos, Deus enviou o Espírito de seu Filho ao coração de vocês, e ele clama: 'Aba, Pai'.* (Gl 4.4-6; grifo meu)

Quando santificamos o nome de Deus, estamos tratando-o como santo (Stott, 1981), preservando e honrando o nome de nosso Pai, estamos assumindo a filiação dada por ele por meio da morte de Jesus.

"Santificar" é separar. A definição mais apropriada para a palavra "santo" no contexto bíblico é "separado para o louvor, a glória e a adoração". No entanto, Rohden[5], valendo-se do significado original da palavra "santo", amplia nosso modo de entender essa frase dita por Jesus.

> *Convém notar que, nas línguas em que a Bíblia foi escrita, a palavra 'santo' é sinônimo de 'todo', 'inteiro', 'universal'.[6] Se traduzirmos e parafrasearmos (...) o sentido real desta petição, 'santificado seja o teu nome', teremos de dizer mais ou menos o seguinte: Pai dos céus, seja a tua manifestação considerada como universal! Ou quiçá melhor: Seja o teu universo reconhecido como a revelação da tua divina natureza!*[7]

O pedido é, no entanto, pelo desejo de que a expressão do amor de Deus e de todos os seus atributos (identificados pelos nomes com que Deus se apresenta e se revela ao homem) seja conhecida em todo o planeta. Mas esse conhecimento não deve acontecer de modo banal, e sim de forma a provocar nos homens o temor por quem Deus é. Só assim o homem conhecerá a Deus e o manterá no seu devido lugar de honra e glória, pois ele é Santo. Separado dos pecados cometidos pelos homens, mas diante deles, diante de suas consciências. Só assim os homens poderão distinguir entre o caminho em que estão e a verdadeira estrada que leva o homem ao Reino de Deus.

Eu disse no parágrafo anterior que Deus se apresenta e se revela ao homem por meio de nomes. Quando eu digo "*Santificado seja o teu nome*", devo, em minhas orações e adorações, lembrar-me de alguns dos nomes que apresentam o Senhor no Antigo Testamento. Aqui farei menção a oito desses nomes hebraicos atribuídos a Jeová. Os nomes compostos correspondem a cinco promessas distintas que Deus faz a seu povo de acordo com a nova aliança, que é cumprida na pessoa e na obra de Jesus Cristo. Em cada um desses oito nomes compostos (existem muitos outros), Deus revela características diferentes de sua natureza e essência, enfatizando virtudes pessoais que quer nos revelar.

Um dos exemplos mais conhecidos talvez seja a passagem em que Deus pede a Abraão que sacrifique seu filho Isaque (Gn 22). Quando estavam preparando o sacrifício, o jovem Isaque pergunta a seu pai Abraão onde estava o animal para ser sacrificado. Abraão responde: "Deus mesmo há de prover [*Jeová-jiré*] o cordeiro para o holocausto, meu filho" (Gn 22.8). No momento em que Abraão levanta o punhal para imolar seu filho, o anjo brada a fim de impedi-lo. Em seguida, aponta um cordeiro atrás de uma moita, e Abraão sacrifica-o em lugar de seu filho. Em seguida, a Bíblia registra, ainda:

> *Abraão deu àquele lugar o nome de 'O Senhor Proverá'* [Jeová-jiré]. *Por isso até hoje se diz: 'No monte do Senhor se proverá'*. (Gn 22.14)

Veremos, mais adiante, outras explicações sobre esse nome, que revela o aspecto da natureza e do propósito de Deus para o homem, e qual a conotação que esse nome tem com a continuidade da nossa vida ou a substituição do pecador por Jesus. Nesse caso específico, Deus mesmo providenciou o sacrifício para morrer em lugar do homem pecador, seu próprio filho Jesus, o Cordeiro de Deus, o Cordeiro que Deus proveu!

Vejamos, então, os oito nomes e as cinco promessas.

JEOVÁ-TSIDEKENU E JEOVÁ-M'KADDESH

Primeiramente, em minhas orações, eu louvo a Deus por ser ele *Jeová--Tsidekenu*, que quer dizer "Senhor, nossa justiça", e *Jeová-m'kaddesh*, que significa "o Senhor que santifica". Eu o adoro, porque meus pecados passados, presentes e futuros já foram perdoados pelo sangue de Jesus. Portanto, tudo o que eu tenho a fazer é confessá-los e apropriar--me do seu perdão. Parece muito simples, e realmente o é!

Veja o que o apóstolo João escreveu: "Se confessarmos os nossos pecados, ele é fiel e justo para perdoar os nossos pecados e nos purificar de toda injustiça" (1Jo 1.9). A confissão de um coração sincero, que busca o perdão, é a garantia de que alcançaremos a promessa de perdão dos pecados e a purificação de toda injustiça.

A graça de Deus, de que tanto ouvimos falar, tem essa verdade como princípio fundamental: ela provê a nós o que não temos condições de conseguir. Isso fala do perdão de Deus para nós e da reaproximação com Deus, uma vez perdoados os nossos pecados confessados.

Na linguagem teológica de Paulo, ele diz que Jesus nos "justifica" ou faz a "justificação" dos nossos pecados (Rm 4.25; 5.16,18; 2Co 3.9). Isso nada mais é que a expressão do *Jeová-Tsidekenu*, o "Senhor, nossa justiça". É ele quem faz justiça por nós e nos santifica.

Quando Paulo diz que Jesus nos justifica, ele está declarando um importante aspecto da sua obra. A doutrina da justificação ensina que Jesus resolveu o aspecto legal que a justiça de Deus exige. O sangue de Jesus confere a nós uma declaração de que fomos *justificados*. Agora, perante a justiça de Deus que exige a morte do pecador, *nós somos justificados em Cristo*. Não resta condenação contra nós. Isso se torna mais claro ainda quando lemos outra declaração do próprio apóstolo Paulo:

> *Portanto, agora já não há condenação para os que estão em Cristo Jesus, porque por meio de Cristo Jesus a lei do Espírito de vida me libertou da lei do pecado e da morte. Porque aquilo que a Lei fora incapaz de fazer por estar enfraquecida pela carne, Deus o fez, enviando seu próprio Filho, à semelhança do homem pecador, como oferta pelo pecado. E assim condenou o pecado na carne, a fim de que as justas exigências da Lei fossem plenamente satisfeitas em nós, que não vivemos segundo a carne, mas segundo o Espírito.* (Rm 8.1-4)

JEOVÁ-SHALOM E JEOVÁ-SHAMÁ

Segundo, eu louvo a Deus porque ele é *Jeová-shalom*, "o Senhor é paz," e *Jeová-shamá*, "o Senhor presente". A expiação realizada por Cristo removeu a barreira do pecado que me separava de Deus e promoveu a nossa reconciliação. "Expiar" é reparar o problema que o pecado causa entre Deus e mim. Antes da morte de Cristo na cruz, éramos considerados inimigos de Deus pelos nossos pecados. Mas, após a morte e ressurreição, já não há mais a barreira do pecado, que faz a inimizade. Na verdade, não fomos nós que conseguimos derrubar essa barreira, mas o próprio Deus, por meio de Jesus. Por isso, ele é o nosso *Jeová-shalom*, "o Senhor é paz".

Os judeus, no Antigo Testamento, estavam acostumados com a palavra "expiar", pois a lei dos sacrifícios a utilizava com frequência. Sobre o efeito da morte de Cristo na questão, Herman Ridderbos esclarece:

> *Uma vez que a justificação pela fé é baseada na morte de Cristo, também, nos pronunciamentos de reconciliação, a morte de Cristo é mencionada novamente como fundamento sobre o qual, ou modo pelo qual, a reconciliação ocorre. Assim, é dito, em Romanos 5.10, que, quando (ainda) éramos inimigos, fomos reconciliados por meio da morte do Filho de Deus. Em Efésios e Colossenses, deparamos com toda uma série de expressões que estabelecem a ligação entre a morte de Cristo, a paz e a reconciliação, trazidas por ele: "Mas agora em Cristo Jesus, vós que antes estáveis longe, fostes aproximados pelo sangue de Cristo" (Ef 2.13); "Porque ele é a nossa paz... tendo derrubado a parede da separação que estava no meio, a inimizade, aboliu na sua carne (...)" (v. 14). Em Colossenses 1.20, é dito que, por meio de Cristo, Deus reconciliou todas as coisas consigo mesmo, fazendo "a paz pelo sangue de sua cruz" ... "Agora, porém, vos reconciliou no corpo da sua carne, mediante a sua morte" (v. 22). Tudo isso coloca diante de nós a questão do significado que deve ser atribuído ao sofrimento e à morte de Cristo em toda a atividade reconciliadora de Deus.*[8]

Quando eu oro: "Santificado seja Jeová-shalom", posso desfrutar de sua paz e experimentar a maravilhosa presença do Espírito Santo que habita em mim, o Jeová-shamá, o Deus presente.

JEOVÁ-RAFÁ

Eu louvo a Deus por ele ser *Jeová-rafá*, o "Senhor que cura". Sou curado pelas pisaduras do Senhor Jesus Cristo. Pedro disse: "E pelas suas feridas fostes sarados" (1Pe 2.24). "Pisadura" é a ferida feita no lombo dos animais. Jesus, "o Cordeiro de Deus que tira o pecado do mundo", é o animal do sacrifício que foi ferido pelas nossas enfermidades, sejam elas físicas, espirituais ou emocionais.

Eu não louvo a Deus pelo que estou sentindo em meu corpo físico; eu o louvo por aquilo que as pisaduras de Jesus já fizeram por mim e pelas dores e sofrimentos que deixei de sentir por causa delas. Elas são a certeza de que ele se interessa por meus problemas e já fez algo para aliviar-me. Então, eu digo: "O Senhor é o Deus que cura!"

Eu não estou implorando: "Por favor, Deus, me cura!". Antes, estou agradecendo por ele ser quem é, por seu nome ser *Jeová-rafá*. Portanto, posso usar a maior expressão de fé, que é o agradecimento. "Muito obrigado por ser *Jeová-rafá*, o Deus que cura."

JEOVÁ-JIRÉ

Eu louvo a Deus porque, na cruz, Jesus tomou a maldição do meu fracasso e insuficiência e se tornou meu *Jeová-jiré*, "a provisão de Deus será [vista]". Eu louvo a Deus por ele ser o meu provedor. Ele vê minha necessidade antes mesmo de eu tê-la e já provê aquilo de que preciso antes mesmo de eu lhe pedir. "Antes de clamarem, eu responderei; ainda não estarão falando, e eu os ouvirei" (Is 65.24).

Que texto fantástico, não? *Jeová-jiré* diz que, antes mesmo de nós clamarmos, ele já responderá àquilo que ainda iremos lhe pedir. Isso revela a onisciência de Deus: ele conhece todos os fatos de antemão e nos livra do mal. Há muitas coisas ruins que poderiam acontecer-nos, mas Deus se antecipa aos males e nos livra deles, de acordo com sua vontade.

Apesar do cuidado de Deus, há pessoas que só conseguem ver as coisas de modo negativo. Elas se lastimam por qualquer motivo... ou sem motivo! Mas o Filho de Deus, quando esteve na terra como homem, via o mundo com outros olhos. Considere o *Sermão da Montanha*. Em

Mateus 6.25-28, Jesus disse que devemos aprender com os passarinhos. É isso mesmo! Ele nos mandou olhar para as aves do céu, que não semeiam, não segam nem ajuntam em celeiros. No entanto, o Pai celestial cuida de cada uma delas. Cuidaria ele menos de nós, seus filhos?

É certo que as aves migram de acordo com as estações. Elas não esperam que as coisas aconteçam milagrosamente. Elas fazem a sua parte e o Pai celestial faz a dele, provendo-lhes alimento. Duvido que o leitor já tenha visto uma ave morta de fome no meio da rua. Também não acredito que tenha visto uma ave reclamando que sua prole está faminta, pois o passarinho-pai está desempregado. Alguém já viu algo assim? Certamente não, pois o Pai celestial as supre abundantemente.

Jesus via os aspectos positivos da vida, ele valorizava os detalhes que revelavam a presença e a atuação de Deus, além de servirem de instrução para nós. Na continuação do *Sermão do Monte*, ele nos orientou a olharmos para os lírios do campo e repararmos na vestimenta deles. Em seguida, avisou: "Contudo, eu lhes digo que nem Salomão, em todo o seu esplendor, vestiu-se como um deles". Todas essas coisas só são possíveis porque seu nome é *Jeová-jiré*, "o Senhor que provê".

JEOVÁ-NISSI E JEOVÁ-ROHI

Por último, a quinta promessa. Eu louvo a Deus em minhas orações por ele me livrar do medo do inferno e da morte. Ele é *Jeová-nissi*, "o Senhor é a minha bandeira", o Deus que já colocou a bandeira de vitória sobre minha vida. Ele também é *Jeová-rohi*, "o Senhor é o meu pastor", Aquele que me guiará pelo vale da sombra da morte à sua casa, onde habitarei por longos dias.

O apóstolo João, em seu Evangelho, registrou as seguintes palavras de Jesus: "As minhas ovelhas ouvem a minha voz; eu as conheço, e elas me seguem. Eu lhes dou a vida eterna, e elas jamais perecerão; ninguém as poderá arrancar da minha mão" (Jo 10.27,28). Ao recebermos de Jesus o

Espírito de Vida, seu próprio Espírito, recebemos também a vida eterna e a capacidade de permanecermos firmes e constantes no propósito de sermos guiados por ele. Ele nos guiará a cada passo até o dia de nos encontrarmos.

Há muitos cristãos que têm medo da morte. Certa vez, perguntei aos membros de minha congregação quem tinha medo da morte. Muitos crentes levantaram a mão, afirmando que ainda a temiam. Foi triste verificar isso.

Se Jesus tomou sobre si nossos pecados e os cravou na cruz, pagando a Deus o preço de sangue, não podemos temer a morte nem mesmo o inferno. Já passamos da morte para a vida eterna. Se morrermos antes do arrebatamento da Igreja, apenas fecharemos nossos olhos aqui e os abriremos na presença santa do Senhor, nas moradas celestiais. O que temer, então?

Portanto, não tenha medo, pois o nome do seu Deus é *Jeová-nissi*, "o Senhor é a minha bandeira", bandeira de vida e de vitória.

CONCLUSÃO

Esta é a primeira seção da oração do Pai-Nosso. Aqui nós aprendemos a louvar a Deus por meio de seus nomes, que são revelações sobre sua natureza divina e sobre sua vontade para nós, seus filhos. Devemos sempre agradecer a Jesus, em quem todos estes nomes são realidade para nós e foram colocados à nossa disposição, para aplicarmos, em nossas vidas, as verdades contidas neles.

Por meio da oração e do louvor, entramos na preciosa presença de Deus, e podemos lhe trazer nossas petições e agradecimentos.

APLICAÇÃO

1. Leia todo o Sermão da Montanha, que se encontra em Mateus 5.1-7.29. São apenas três capítulos.
2. Procure identificar as partes distintas do sermão e os assuntos de que cada uma delas trata.
3. Identifique os vícios e erros que você comete em sua maneira de cultuar a Deus, por meio da ajuda aos necessitados (veja *esmolas* em Mt 6.1-4), jejum (Mt 6.16-18) e na própria maneira de orar (Mt 6.5-15).
4. Reflita sobre os nomes de Deus apresentados nas Escrituras e o que eles significam para você e sua vida como um todo. Um dicionário bíblico ou uma concordância bíblica poderão ajudar a identificar outros nomes de Deus e seus significados.

---

[1] RYLE, J. C. *Meditações no Evangelho de Mateus*. São Paulo: Editora Fiel, 1991. p. 38.
[2] CALVINO *apud* STOTT, John R. W. *A mensagem do sermão do monte*. São Paulo: ABU Editora, 1981. p. 148.
[3] PENTECOST, Dwight J. *O sermão da montanha*. São Paulo: Editora Vida, 1984. p. 121.
[4] "Lancem sobre ele toda a sua ansiedade, porque ele tem cuidado de vocês" (1Pe 5.7).
[5] ROHDEN, Huberto. *A Metafísica do Cristianismo*. São Paulo: União Cultural Editora, s/d. p. 119.
[6] *Ibid.* O mesmo acontece em algumas línguas modernas; por exemplo, em alemão, "heilig" (santo) tem o mesmo radical que "heil" (todo, inteiro); em inglês, "holy" (santo) é etimologicamente idêntico a "whole" ou "hale", "to heal" (todo, fazer inteiro, curar). De resto, também existe estreita afinidade etimológica entre a palavra "santo" e "são", denotando aquela integridade espiritual, e esta, integridade física. Ser "são" é possuir inteireza material; ser "santo" é ter inteireza moral. "Santificar" quer, pois, dizer: "reconhecer como inteiro, total, universal".
[7] *Ibid.*
[8] RIDDERBOS, Herman. *A teologia do apóstolo Paulo*. São Paulo: Editora Cultura Cristã, 2004. p. 211.

Gálatas 4.4-6

Mas, quando chegou a plenitude do tempo, Deus enviou seu Filho, nascido de mulher, nascido debaixo da Lei, a fim de redimir os que estavam sob a Lei, para que recebêssemos a adoção de filhos. E, porque vocês são filhos, Deus enviou o Espírito de seu Filho ao coração de vocês, e ele clama: 'Aba, Pai'.

QUESTÕES PARA REVISÃO

1. A oração do Pai-Nosso, também conhecida como oração dominical, foi ensinada por Jesus. Qual o nome da conhecida pregação em que Jesus a ensinou?

....

....

....

....

2. Em que passagem está registrado o *Sermão da Montanha*?

☐ Marcos 3.1-10.
☐ Lucas 6.17-49.
☐ João 6.17-49.
☐ Atos 2.1-13.

3. Nos tempos de Paulo, os atenienses conheciam Deus como:

☐ Jesus Cristo;
☐ O Deus da providência;
☐ *Jeová-shalom;*
☐ O Deus desconhecido.

4. A quem se dirige a primeira parte da oração do Pai-Nosso?
- ☐ Ao Deus desconhecido.
- ☐ Às nossas necessidades.
- ☐ Aos irmãos e desviados.
- ☐ Ao Pai.

5. Em que passagem das Escrituras está escrito que o único Mediador entre Deus e os homens é Jesus Cristo?
- ☐ João 3.16.
- ☐ 1 Timóteo 2.5.
- ☐ Apocalipse 3.10.
- ☐ Romanos 8.16.

6. Na primeira negativa de Jesus sobre as orações, ele nos adverte que:
- ☐ não jejuemos;
- ☐ não sejamos como os hipócritas;
- ☐ não oremos pouco;
- ☐ não façamos rezas.

7. Complete os seguintes versículos:

a) *"Se confessarmos os nossos pecados, ele é fiel e justo, para* .... *e* .... *de toda a injustiça"* (1 Jo 1.9).

b) *"E será que antes que* .... *eu* ....; *estando eles ainda falando, eu os* .... " (Is 65.24).

c) *"Deus amou o mundo de tal maneira que* .... *unigênito"* (Jo 3.16).

8. Associe os nomes hebraicos de Deus aos seus nomes em português:

a) *Jeová-tsikenu*	☐ O Senhor é o meu pastor
b) *Jeová-shalom*	☐ O Senhor é a minha bandeira
c) *Jeová-m'kaddesh*	☐ O Senhor presente
d) *Jeová-shamá*	☐ O Senhor, nossa justiça
e) *Jeová-rafá*	☐ O Senhor que santifica
f) *Jeová-jiré*	☐ O Senhor é paz
g) *Jeová-nissi*	☐ O Senhor que cura
h) *Jeová-rohi*	☐ O Senhor da provisão

9. Os diferentes nomes de Deus estão associados a:

☐ comportamentos distintos do Pai;
☐ promessas aos crentes;
☐ alianças de dispensações;
☐ cada um dos cinco livros de Moisés.

10. Cada nome de Deus revela suas características pessoais. Leia Isaías 9.6 e escreva os nomes que revelam características pessoais de Jesus. Depois leia João 14.16,17 e 16.7,13 e anote os nomes dados por Jesus ao Espírito Santo.

....
....
....
....
....
....
....
....
....

3

"VENHA O TEU REINO"

Assim começa a segunda frase da chamada oração dominical. Após dirigirmos a oração ao nosso Pai celestial, invocando--o pelos atributos que seu poderoso nome expressa, começamos a nos aprofundar naquilo que o cerca: o seu reino. Como vimos, ainda estamos na primeira parte da oração, em que nos voltamos exclusivamente para Deus e para as suas prioridades.

Ora, quais serão as prioridades de Deus? Deus tem prioridades? Sendo ele Deus, será que há algo que ele queira que façamos? Ele não poderá fazer tudo sozinho e nos deixar à vontade?

Como Rei que é, ele deseja implantar seu reino entre os homens. Temos fartos exemplos na história de reis que saíram mundo afora com esse objetivo. Veja o conhecido imperador Alexandre, o Grande. Incomparável guerreiro, expandiu as fronteiras da Grécia, estabelecendo seu domínio e a cultura helenista – cuja influência até hoje se faz presente no mundo ocidental – por várias nações, em sua época. Da mesma forma, há cerca de três mil anos, o rei Davi, por meio de muitas batalhas, estabeleceu seu império, seu reino, que teve continuidade por meio de seu filho, o rei Salomão.

Deus Pai também é um Rei. Jesus, o unigênito Filho de Deus, disse: "Certa vez, tendo sido interrogado pelos fariseus sobre quando viria o Reino de Deus, Jesus respondeu: 'O Reino de Deus não vem de modo visível'" (Lc 17.20). Com essa resposta, Jesus fez duas afirmações. Primeiro, ele não negou que houvesse um reino para vir, e esse reino virá da parte de Deus, conforme a pergunta dos fariseus.

Segundo, Jesus acrescentou à pergunta dos fariseus que, se eles estavam esperando um reino com aparência exterior, isto é, com o *glamour* palaciano de vestimentas, súditos e suntuosidade, eles estavam extremamente enganados. O reino de Deus virá, porém com aparência interior, isto é, dentro do coração dos homens. Isso revela a natureza do Reino de Deus em contraste com os reinos terrenos. O Cristianismo é a contracultura há dois mil anos. Rohden dizia que ser cristão é andar na contramão da sociedade.

Na época de Jesus, Israel vivia sob a opressão dos romanos. O povo israelita ansiava pela vinda do Messias para libertá-lo desse domínio estrangeiro. Como o domínio de Roma era imposto por meio da força, da atuação de soldados e imperadores (os Césares), o povo israelita cria que Deus enviaria um Messias libertador, com as características de um imperador, guerreiro e estratégico como Davi e enérgico como Moisés.

Mas surgiu Jesus, autoproclamando-se o Filho de Deus, anunciando a chegada do reino, mas negando todo e qualquer desejo por violência, por grandes batalhas e por rebeliões. Seu reino não tinha absolutamente nada com aparência exterior. A libertação que anunciava ter chegado deveria acontecer às ocultas, no interior do coração. O resultado dessa transformação, sim, poderia ser revelado aos homens. Por isso, Jesus afirmou que o reino não viria como os judeus esperavam.

Mas, então, em que consistia essa transformação que resultaria no estabelecimento do reino de Deus interiormente? A transformação era a fé no Senhor Jesus como o Salvador prometido por Deus ao mundo. Quando cremos nele, o Rei, colocamo-nos debaixo de seu governo, de seu reino, dispostos a fazer sua vontade. E, desse modo, a transformação que se iniciou no momento em que cremos se desenvolverá por toda a nossa vida, até a maturidade espiritual de cada um dos membros desse Reino. Assim, por meio das pessoas que hoje se submetem ao seu senhorio, Cristo traz seu reino espiritual no presente e o trará plenamente no futuro.

Este segundo tópico da oração revela-nos que o Reino virá para um grupo de pessoas que faz essa oração sinceramente. É impossível orar "venha o teu reino", sem que haja vontade de que uma transformação social ocorra. Igualmente impossível é orar "seja feita a tua vontade", quando na verdade, desejamos viver dentro de nossos próprios padrões humanos.

Antes de o Reino de Deus vir para todo o mundo, é necessário que ele venha a nós. E devemos lembrar também de algumas áreas nas quais a chegada do reino é fundamental para que nossa cidade, nossa nação e o mundo sejam incorporados aos domínios do reino de Deus. Vejamos algumas delas.

EM MIM

Para que o reino de Deus seja implantado, é preciso haver anunciantes de sua chegada. Se sou eu que oro pela vinda do reino, logo, Deus deverá usar-me também para anunciá-lo.

Muitas pessoas têm medo de orar essa parte da oração ensinada pelo Senhor com a mesma intensidade com que oram pedindo um carro ou outra bênção qualquer. É normal vermos pessoas que querem as bênçãos do Senhor, mas que pouco se dispõem a ser visitadas pelo Espírito Santo, que as transformará em súditos desse reino.

Veja o que o apóstolo Paulo escreveu aos romanos:

> *Não se amoldem ao padrão deste mundo, mas transformem-se pela renovação da sua mente, para que sejam capazes de experimentar e comprovar a boa, agradável e perfeita vontade de Deus.* (Rm 12.2)

Esse encorajamento leva-nos a pensar que os cristãos de Roma estavam encontrando dificuldades em permitir que a vontade e o reino de Deus se estabelecessem no meio deles. Mas a Bíblia insiste na necessidade da mudança de comportamento e de uma adequação nossa ao caráter de Cristo. Paulo fala longamente sobre o assunto.

No texto citado, o apóstolo falou sobre nossa consagração a Deus. Ele já havia escrito aos cristãos em Corinto (1 Co 3.6) que nosso corpo é o templo do Espírito Santo de Deus. Agora Paulo diz que esse mesmo corpo deve prestar culto a Deus. Ou seja, de maneira sábia e santa, todo o nosso ser, nosso modo de viver, nosso comportamento, pensamentos e emoções devem ser consagrados e oferecidos "como" um sacrifício a Deus Pai.

Tão interessante quanto essa vida de constante consagração a Deus, registrada no primeiro versículo de Romanos 12, é a declaração que Paulo fez no versículo seguinte. Ele diz que há um meio pelo qual podemos experimentar ou, melhor ainda, "conhecer e compartilhar a vontade de Deus": é sermos transformados à medida que renovamos nosso entendimento acerca das coisas de Deus, à medida que renovamos e adequamos nossa mente, nosso espírito, à vontade de Deus para nós.

Paulo escreveu ainda (1 Co 2.16) que os cristãos que buscam ao Senhor têm a mente de Cristo, isto é, pensam como Cristo. Portanto, precisamos ser renovados de modo que vivamos cada vez mais segundo a mente de Cristo. E como se desenvolve a renovação de nossa mente? Ela ocorre principalmente quando nos expomos à Palavra de Deus. Veja o que está escrito em Hebreus:

> *Pois a palavra de Deus é viva e eficaz, e mais afiada que qualquer espada de dois gumes; ela penetra até o ponto de dividir alma e espírito, juntas e medulas, e julga os pensamentos e intenções do coração.* (Hb 4.12).

O que é ter a mente renovada? Ter a mente renovada é não sermos preenchidos e dirigidos por conceitos ou sentimentos passados, de acordo com a velha natureza e o mundo. Ter a mente renovada é possuir pensamentos novos, melhores e do alto. É pensar em coisas novas, melhores e do alto. É desejar coisas novas, melhores e do alto.

Somente pela renovação interior vamos experimentar a vontade de Deus, que, segundo o próprio apóstolo Paulo, é *boa*, *agradável* e *perfeita*. E, assim, vamos permitir que o reino de Deus seja visto exteriormente, isto é, após passarmos por uma transformação pessoal interior tão grande que se torne impossível que as demais pessoas não a vejam.

Devo orar com sinceridade: "Senhor, que a tua justiça, a tua alegria e a tua paz estejam em mim hoje. Que a tua vontade seja feita em minha vida neste dia. Que nada reine em mim, a não ser o alto chamado de Deus".

NO CÔNJUGE E NA FAMÍLIA

A segunda área na qual a chegada do reino é fundamental para que a vontade de Deus seja feita é em meu casamento e em minha família. Eles são minha segunda prioridade. Eu declaro: "Senhor, venha o teu reino e seja feita a tua vontade em meu cônjuge e em nosso casamento".

Se percebemos que algo em nosso cônjuge ainda não está debaixo do governo de Deus, de nada adianta reclamar: "Eu queria tanto que minha mulher fizesse isso ou aquilo!". É perda de tempo agir desse modo, pois nada vai acontecer apenas pelo fato de desejarmos assim. Nós precisamos orar!

De igual modo, devemos orar por nossos filhos individualmente, citando suas necessidades particulares ao Senhor, citando as promessas de Deus para suas vidas, para que a vontade de Deus seja feita na vida deles. Devemos pedir ao Senhor que lhes revele seu plano e que nos capacite para que possamos apoiá-los e treiná-los a servir a Deus de acordo com a sua vontade.

Mas este tópico não se resume apenas aos filhos. Quando olhamos para muitos casais e famílias cristãs, vemos a necessidade de oração específica por eles, a fim de que resolvam uma perigosa inversão de valores: o que deve ser sua prioridade, a família, o trabalho ou o ministério? A falta de treinamento ministerial durante décadas fez com que muitos oficiais cristãos se tornassem extremamente devotados quanto à vontade de Deus para sua vida eclesiástica, mas grandemente negligentes quanto à vontade de Deus para sua família.

Paulo, ao apresentar a Timóteo os requisitos do bom homem de Deus, daquele que quer servir no ministério, destacou:

> *É necessário, pois, que o bispo [ministro] seja irrepreensível,* ***marido de uma só mulher****, moderado, sensato, respeitável, hospitaleiro e apto para ensinar (...) Ele deve governar bem sua própria família, tendo os filhos sujeitos a ele, com toda a dignidade.* ***Pois, se alguém não sabe governar sua própria família, como poderá cuidar da igreja de Deus?*** (1 Tm 3.2,4,5; grifo meu).

Há uma tendência de pensarmos que, a partir do momento em que temos comunhão e experiências maiores com o Senhor, podemos deixar tudo o mais por conta dele e seguir para a batalha. Mas Paulo advertiu que não adianta estarmos no centro da vontade de Deus no campo ministerial, enquanto nossa família fica ao "deus-dará".

Os solteiros têm certas responsabilidades, principalmente em relação a si. É evidente que devem orar por seus pais e irmãos. Eu mesmo, quando era solteiro, orei e chorei muito pela salvação de meu pai. Mas, depois de casarmos, nossas responsabilidades aumentam (não mudam por completo) e as prioridades mudam. Além de cuidar de nossa própria vida espiritual, devemos dar atenção aos demais, a fim de que cada membro de nossa família seja cuidado espiritualmente e avance em sua vida com Deus.

Se o casamento é uma instituição de responsabilidade do casal, e não somente de um dos cônjuges, ambos devem ter participação ativa, levando igualmente o peso todo. Já ouvi esposas dizendo: "Deus prometeu que salvará meu marido; então, não devo me preocupar com isso. Vou buscar a Deus enquanto é tempo". Onde ficará o reino dentro dessa família? Não adianta a mãe frequentar o círculo de oração e as campanhas de jejum pelas manhãs e ir ao culto doméstico à noite, não se importando com o marido que se mata de tanto trabalhar em busca de sustento para a esposa e os filhos, sem haver nenhum diálogo entre eles. Também não haverá fruto espiritual se, ao contrário, o marido for um excelente pregador, mas sua esposa não estiver convencida de que o que ele diz é realmente inspirado por Deus ou se ele não for em casa o mesmo homem que é no púlpito, ou seja, se sua vida não corresponde às suas palavras.

Portanto, devemos orar: "Senhor, orienta-me, junto de meu cônjuge e filhos, a permitir que teu reino venha a nossa família, que a tua vontade seja feita em nossa vida, porque essa vontade é boa, agradável e perfeita, e a queremos para nós".

NA IGREJA

Em terceiro lugar, devemos orar pela Igreja. Espero que minha ordem de prioridades – Jesus, família e Igreja – não choque ninguém. Mas quero explicar o motivo dessa sequência.

Eu amo a igreja à qual pertenço, mas a melhor maneira de obter sucesso quando apascento o rebanho é ter um relacionamento correto com Jesus e com minha família. Se não for assim, pastorear se torna um fardo cansativo e infrutífero, além de soar como falsidade.

Eu oro pela Igreja como um todo e por todas as pessoas que são tocadas e alcançadas por meu ministério. Geralmente, quando estou nessa etapa das minhas orações, Deus me dirige a orar por alguma coisa ou alguém em particular. Muitas vezes, não entendo o que estou orando ou o porquê de determinada oração, mas eu oro em espírito até sentir que chegou a hora de prosseguir para outros assuntos.

É importante conhecer as Escrituras para podermos orar corretamente. É a Bíblia que revela os planos de Deus para cada área da vida humana.

Por exemplo, há um modo específico de orar pela Igreja por meio de um texto em Isaías:

> *Visto que você é precioso e honrado à minha vista, e porque eu o amo, darei homens em seu lugar, e nações em troca de sua vida.* (Is 43.4)

Isso foi escrito como uma promessa para trazer os judeus de volta a Israel. Mas também pode ser aplicado como uma promessa em relação a ajuntar o povo de Deus, a Igreja. Podemos declarar essa Escritura orando pela colheita de almas para a Igreja. Podemos interceder especificamente, mencionando diretamente a região norte (citada no contexto desse versículo), seja de uma cidade, de um estado ou de um país, como se essa região fosse uma pessoa, pois a Bíblia nos diz que principados e potestades reinam sobre certas regiões. Podemos dizer: "Em nome de Jesus, que todas as pessoas afastadas dos caminhos do Senhor, que estão em determinada região (norte, por exemplo), de acordo com a vontade de Deus, pertencerão à igreja". Podemos, então, pedir ao Espírito Santo, o Senhor da colheita, que dirija essas pessoas e as plante na Igreja.

Adicionalmente, o Salmo 92.13 diz: "Os que estão plantados na casa do Senhor florescerão nos átrios do nosso Deus". Podemos visualizar milhares de pessoas marchando em direção à Igreja do Senhor, vindas daquela região. Devemos pedir ao Senhor também que envie anjos para ministrar a esses novos herdeiros da salvação. Depois, dirigimos nossa oração ao sul, ao leste e ao oeste, fazendo as mesmas declarações. E continuamos em oração até que tenhamos paz no espírito. (Leia mais sobre *intercessão* no Apêndice, ao final do livro.)

Como disse no princípio deste livro, posso orar também pelos integrantes da Igreja. Por exemplo, é muito importante especificar cada obreiro, do pastor aos novos colaboradores. Uma vez que o pastor é o anjo da Igreja, o responsável por nossa alma, é evidente que há uma pressão espiritual muito grande sobre a vida dele e de sua família também.

Certa vez, ouvi um irmão testemunhar que, durante um voo da Europa para os Estados Unidos, ele se sentou ao lado de um desconhecido. A comissária de bordo passou servindo um lanche; o homem não aceitou. Ofereceu-lhe bebidas, e novamente ele se recusou a beber. O irmão, então, curioso, perguntou-lhe se ele era cristão. A surpreendente resposta foi: "Não. Eu sou de uma seita que adora Satã. Com muitos outros seguidores, estou jejuando para que Satanás destrua os pastores e líderes evangélicos". Nossos líderes estão em guerra constante e precisam de nossa proteção de oração!

Parece inacreditável, mas há, infelizmente, milhares de pessoas que cultuam os demônios. Umas o fazem inconscientes e na ignorância; outras, não. Também em decorrência disso, as lideranças evangélicas precisam, mais do que nunca, do revestimento espiritual que vem pela oração. E é dever de todo cristão orar pelos obreiros da Igreja.

Ao orar pelos pastores, devemos pedir que o Senhor lhes renove diariamente o ânimo e que os oficiais da Igreja sejam exemplares em tudo, que eles apascentem as ovelhas com amor, com visão e discernimento, e não entrem por caminhos que levam à morte espiritual.

Devemos apresentar cada pessoa que serve a Deus, nas mais diversas funções, devemos ministrar sobre a vida deles: pelos pastores, pelos evangelistas, pelos presbíteros, pelos diáconos, pelos líderes de grupo (de grupo de casais, de irmãs, de jovens, de adolescentes, de crianças); enfim, cada servo dos muitos departamentos que compõem nossa Igreja deve ser suprido com nossas abundantes orações.

Outro ponto que devemos lembrar em oração são os próprios departamentos. Se orarmos pelo departamento (ou grupo) de evangelismo, devemos pedir a Deus que ministre sua unção sobre todos os membros desse grupo. Que haja recursos a fim de terem folhetos para serem distribuídos. Ou, se o departamento de evangelismo mantém um programa de rádio ou de TV, que haja recursos financeiros e patrocínios que mantenham os programas.

Assim, estaremos revestindo a Igreja em cada aspecto com o manto de proteção e bênção que Deus tem para lhe dar.

NA NAÇÃO

A nação é a quarta e última prioridade em minhas orações. Devemos orar diariamente por nosso país, por nosso presidente, por seus ministros, pelos governantes, prefeitos e demais políticos. Da mesma maneira, oro por outros países. Podemos pedir a Deus que coloque uma nação em nosso coração; então oramos, clamando que o reino de Deus venha e que sua vontade seja feita naquele país.

O ex-presidente dos Estados Unidos, George Washington, disse: "Impossível é governar bem o mundo sem Deus e sem a Bíblia". Mesmo com todos os seus problemas, os Estados Unidos foram o maior país protestante de todo o mundo. Ainda hoje há fortes grupos protestantes naquele país e conceitos bíblicos são respeitados por alguns setores da sociedade. Eles são uma nação rica, apesar do desperdício com a guerra e com o consumismo desenfreado. Infelizmente, eles se afastaram da Palavra de Deus. Precisamos orar para que os Estados Unidos e outras nações se submetam a Deus. Para isso, é preciso que eles permitam que o reino e a vontade de Deus venham, se instalem e permaneçam. Essa é a razão de orarmos pelos países: para que o reino de Deus se estabeleça entre outros povos.

Deus está muito interessado em "participar" da vida de indivíduos e de nações. Muitas tradições humanas contribuem para afastar o homem de Deus. Mas a Bíblia mostra a intenção divina de aproximar-se do homem – e pouco conseguimos entender esse desejo de Deus. Temos apenas uma mínima ideia de quem ele é. Conhecemos pouco de seu coração. Mesmo sabendo pouco a seu respeito, ao contrário do que muitos pensam, quem anda com Deus está sempre à frente das tendências, pois é ele quem dita as mudanças. Veja que grandes mudanças Deus promoveu em diversas áreas de influência social:

- Ele usou Moisés para codificar um sistema de leis usado até hoje pelas nações;
- Jesus reinterpretou toda a religião judaica, criando o maior movimento religioso de que se tem notícia, o Cristianismo;

- Jesus apresentou o plano de salvação, que mudou a história do homem;
- Jesus treinou discípulos e abriu o acesso direto do pecador a Deus – *"Eu sou o caminho, e a verdade e a vida; ninguém vem ao Pai senão por mim"*;
- no evangelismo, Jesus montou uma estratégia que alcança, ainda hoje, todas as nações, utilizando todos os meios de comunicação em massa disponíveis;
- a música *gospel* está crescendo e o interesse por ela e sua audiência têm aumentado, inclusive no meio secular;
- na carta aos Colossenses 3.23, escrita há cerca de dois mil anos, o Senhor já falava em *Padrão de Qualidade* (e também por meio de Abraão, há quatro mil anos; Gênesis 12: "Você será uma bênção"), enquanto as empresas começaram a implantar o sistema de padrão de qualidade (ISO) somente há alguns anos.

E podemos mencionar ainda, como contribuição direta do Cristianismo no decorrer dos séculos:

- o surgimento dos hospitais na Idade Média;
- a fundação da maioria das grandes universidades por cristãos;
- a alfabetização popular e o ensino para o povo;
- o capitalismo e a iniciativa privada;
- o governo representativo em alguns países;
- a separação dos poderes políticos;
- os direitos civis;
- a abolição da escravatura na Antiguidade e nos últimos séculos;
- a ciência moderna;
- a valorização das mulheres;

- apontar o adultério como prática pecaminosa ajudou a preservar muitos do sofrimento;
- a civilização de povos bárbaros;
- maior desenvolvimento da arte e da música;
- a restauração de inúmeras vidas ao convívio normal dentro da sociedade (viciados, prostitutas, criminosos e outros).[1]

Há ainda a grave questão da injustiça social enraizada em nosso país. Esse não é um problema simples nem recente; tem raízes profundas e históricas. Mas sou levado a crer que Deus não pode ser impedido por questões históricas nem pelo agravamento de uma situação qualquer. *Ele é o que é*, afirmam as Escrituras.

Lembro-me de quando comecei a frequentar nossa igreja, aqui em São Paulo. Num dos primeiros cultos de que participei, nosso pastor leu no púlpito um relatório extenso. Naquele ano houve um movimento nacional de oração nas igrejas em favor do Brasil, oração com o propósito de abalar as estruturas corruptas e injustas que predominavam no cenário político, social e também econômico em nosso país.

O relatório lido por nosso pastor dava conta dos casos de corrupção que vieram à tona após o início daquela campanha nacional de oração. Escândalos, desvios de verbas, negociatas envolvendo políticos, empresas, funcionalismo público, enfim, práticas ilícitas - e por que não dizer malignas –, que faziam com que a outra ponta da corda, a dos menos favorecidos, sofresse com a falta de recursos que os beneficiasse em programas sociais, escolas, saúde, moradia, alimentação e geração de emprego.

A igreja tem um chamado para atuar nessa área e sua contribuição jamais pode ser negligenciada, nem mesmo por um instante. Há evidências bíblicas e históricas que reforçam tanto a necessidade quanto a responsabilidade e a eficiência da oração do povo de Deus sobre as questões sociais em uma nação. Claro que precisamos orar por nós mesmos, mas o chamado para olhar para fora me parece ser a prioridade. Apenas Jesus chamou pessoas a si (*"Vinde a mim"*). O mandamento dado à igreja é para ir às pessoas (*"Ide..."*). Muitos de nós temos feito o papel de Jesus, chamando as pessoas para cá e permanecendo dentro de nossas igrejas, quando nosso papel deveria ser outro, o de ir, ainda que por meio de nossas orações.

Na época em que ouvi esse relatório, não tinha uma nítida ideia do que se tratava, pois era novo convertido. Mas chamou minha atenção o resultado daquele movimento de oração. Como tenho desejado que um novo movimento ocorra em nossos dias. Como tenho desejado que possamos nos unir, ao menos uma vez por ano, em uma campanha nacional de oração para mudar definitivamente o cenário brasileiro, a começar pela casa de Deus, e estender-se país afora.

Vemos, nesses poucos exemplos, portanto, quão decisiva é a santa "intromissão" de Deus na história do homem. Por isso, devemos orar para que a bênção de Deus recaia sobre o Brasil em forma de cumprimento da sua vontade e propósitos para nós, para que o nosso país seja verdadeiramente uma "nação evangélica", e não apenas uma nação de maioria evangélica. Se o Brasil é o maior celeiro evangelístico do mundo, como alguns pregadores gostam de afirmar, que os brasileiros vejam e sintam o reino de Deus sendo implantado em suas vidas e em suas famílias. Que permitam que a vontade de Deus, que é boa, agradável e perfeita, seja sua realidade diária.

APLICAÇÃO

1. Quando orar da próxima vez, procure meditar sobre motivos específicos de oração.
2. Sem parecer muito metódico, procure fazer anotações durante o dia sobre assuntos pelos quais poderá orar da próxima vez. À medida que você desenvolve o hábito de orar, esses motivos fluirão sem a necessidade do auxílio das anotações (caso se sinta incomodado com isso).
3. Mesmo identificando motivos de oração (uma família, por exemplo), especifique outras necessidades dentro desse motivo (por exemplo, pela salvação do pai, pelo fortalecimento do amor naquela família).
4. Seguindo a orientação do Espírito Santo, ore para que o Senhor dê recursos para a expansão do seu reino, por meio do testemunho evangelístico ou da ação conjunta da igreja na sociedade.

---

[1] Para informações mais detalhadas, sugiro a leitura de *E se Jesus não tivesse nascido?, de* James Kennedy e Jerry Newcombe (São Paulo: Ed. Vida, 2001).

Salmo 40.9,10

Eu proclamo as novas de justiça na grande assembleia; como sabes, Senhor, não fecho os meus lábios. Não oculto no coração a tua justiça; falo da tua fidelidade e da tua salvação. Não escondo da grande assembleia a tua fidelidade e a tua verdade.

QUESTÕES PARA REVISÃO

1. Anote a seguir as quatro grandes áreas em que o Reino de Deus deve ser implantado:

a) ....

b) ....

c) ....

d) ....

Marque a única alternativa biblicamente correta:

2. *"A vontade de Deus é..."* (Romanos 12.2):

☐ que sejamos seus filhos;
☐ boa, agradável e perfeita;
☐ sublime;
☐ que oremos incessantemente.

3. *"A palavra de Deus é viva e..."* (Hebreus 4.12):

☐ voraz;
☐ doce;
☐ eficaz;
☐ reveladora.

4. *"Eu sou o caminho, e..."* (João 14.6):

- ☐ a fonte de água viva;
- ☐ a luz do mundo;
- ☐ o maná que desceu do céu;
- ☐ a verdade e a vida.

5. Os judeus, nos tempos de Jesus, viviam sob domínio romano, em que César governava. Esse domínio se dava por meio de liderança:

- ☐ militar;
- ☐ política;
- ☐ religiosa;
- ☐ pacífica.

6. Dentre as seguintes áreas, em qual não é essencial que a chegada do reino seja fundamental para que nossa sociedade seja incorporada aos domínios do reino de Deus:

- ☐ em mim;
- ☐ na educação;
- ☐ no cônjuge e na família;
- ☐ na Igreja;
- ☐ na nação.

7. Declarar: "Eu queria tanto que meu cônjuge fizesse isso ou aquilo!" não resolve a situação. O que, então, é preciso fazer?

- ☐ Perseverar, decretando a mudança.
- ☐ Orar e jejuar.
- ☐ Orar.
- ☐ Participar de uma campanha específica para casais.

8. *"Visto que você é precioso e honrado à minha vista, e porque eu o amo, darei homens em seu lugar, e nações em troca de sua vida."* Essa promessa de Deus, registrada em Isaías, afirma que o Senhor trará de volta:

- ☐ todos os desviados;
- ☐ os judeus;
- ☐ os cativos na Babilônia;
- ☐ os hebreus que estão no Egito.

9. Sobre orar pelos pastores, a verdade é:

- ☐ eles é que devem orar por nós;
- ☐ não é necessário, porque eles são fortes espiritualmente;
- ☐ o próprio Deus zela deles;
- ☐ nenhuma das respostas está correta.

10. Em 1 Timóteo 2.1, que apóstolo recomenda orar pelas autoridades?

- ☐ Tiago.
- ☐ Barnabé.
- ☐ Paulo.
- ☐ Mateus.

4

“DÁ-NOS HOJE”

Assim começa a segunda parte da oração do Senhor, conforme a divisão que propus inicialmente. É bom lembrar que você pode pensar em uma divisão diferente da que é apresentada aqui. Isso pode variar de acordo com o objetivo do estudo ou daquilo que se pretende apresentar a partir dessa oração.

Recapitulando, na primeira parte da oração, Jesus nos conduz à expectação do Pai, à contemplação do Senhor, nosso Deus. No primeiro tópico, vimos o poder do nome que está acima de tudo. Ressalta a Pessoa a quem devemos dirigir nossas orações. Vimos também as diversas manifestações de Deus reveladas por meio de seus nomes. Depois, no segundo tópico, manifestamos nosso desejo pela implantação do seu reino entre nós, em nós, em nossa família, em nossa igreja e, por último, em nossa nação.

Na segunda metade da oração do Pai-Nosso, o adjetivo possessivo passa de “teu” para “nosso”, quando passamos das coisas divinas para as nossas próprias coisas. Tendo expressado nossa ardente preocupação com a sua glória, expressamos agora nossa humilde dependência da sua graça.[1]

Nessa segunda parte, Jesus nos mostra como orar ao Pai apresentando nossas necessidades. Na verdade, como veremos, ele quer nos revelar quais são nossas *reais* necessidades. Ou, nas palavras de Stott, “com ‘pão’ Jesus quis se referir às necessidades e não aos luxos da vida”.[2]

É comum confundirmos *desejos temporais* com *necessidades reais*. Posso desejar um carro do ano, um apartamento duplex e a presidência de uma grande empresa. Mas, para que eu viva confortavelmente e com dignidade, eu não preciso, necessariamente, de todas essas coisas. Aliás, elas podem ser um grande empecilho para a manutenção da minha comunhão diária com Deus e para que eu seja usado como um instrumento seu na edificação do Corpo de Cristo. Há milhares de cristãos ao redor do mundo que vivem muito bem, sem nenhum dos confortos que mencionei anteriormente, e, no entanto, servem a Deus com mais fidelidade do que muitos de nós.

Além do mais, para que eu seja bem-sucedido e seja atendido nos pedidos que faço a Deus em minhas orações, é preciso *ser coerente* ao dirigir palavras a ele. Guarde bem este critério: seja coerente. Como assim? Vou explicar.

Como o leitor deve saber, o apóstolo Tiago era irmão de sangue de Jesus. Pois bem, ele mesmo foi quem escreveu um importante ensino sobre a oração:

> *Quando pedem, não recebem, pois pedem por motivos errados,* ***para gastar em seus prazeres.*** (Tg 4.3; grifo meu)

Tiago antecipa o resultado de quem ora de maneira inadequada, com a atenção voltada para seus próprios desejos: "*Não recebem*".

Certamente, já em sua época, muitos cristãos faziam extensas orações – faziam campanhas nas igrejas, em linguagem contemporânea –, mas não recebiam nada do que buscavam, apenas porque não eram coerentes em seus pedidos. Pediam para poder gastar consigo mesmos e, quando muito, com sua família, rogando a Deus que fosse o supridor dos recursos para seus deleites.

A bênção, a provisão de Deus é para todo o seu povo. Uma vez que dá algo a uma pessoa, ele espera que haja partilha entre os demais e todos sejam supridos. Primeiramente, por meio dos dízimos e das ofertas. Depois, pelo atendimento das necessidades que existam, tanto entre as pessoas quanto na obra de Deus. Orando com essa disposição em mente, é possível alcançar grandes vitórias e resultados inesperados. Mas vamos falar mais um pouco sobre essa parte da oração.

Neste tópico da oração do Pai-Nosso, Jesus também nos mostra como tomar posse das provisões de Deus, tanto para nossas necessidades espirituais como materiais. A Bíblia revela quatro critérios primários para que uma oração seja atendida por Deus. Não se trata de fórmulas tipo "passe de mágica" para receber as respostas aos pedidos feitos. Muitas vezes, a razão pela qual não recebemos o que pedimos é a não observância de um ou mais desses critérios, que são bíblicos. São eles:

1. ENTENDER A VONTADE DE DEUS

Para sermos atendidos em nossas orações, é preciso entender a vontade de Deus. Nós precisamos andar, falar e estar em constante comunhão com Jesus em nossa vida pessoal de oração e pela Palavra de Deus, pois é ela que revela a vontade divina para cada um de nós.

A maior parte do capítulo 6 do Evangelho de Mateus trata de finanças, de dinheiro, mas termina dizendo: "Busquem, pois, em primeiro lugar, o Reino de Deus e a sua justiça, e todas essas coisas lhes serão acrescentadas" (v. 33). Observamos, então, que aquilo que buscamos em primeiro lugar e o de que precisamos estão inter-relacionados. Se quisermos "estar" na vontade de Deus, precisamos obedecer-lhe. Se roubarmos a Deus nos dízimos e nas ofertas, não podemos esperar que ele nos abençoe. Mas Deus promete que, se trouxermos os dízimos à sua casa, ele derramará bênçãos sobre nós.

Vamos rever o que diz o profeta Malaquias:

> *Pode um homem roubar de Deus? Contudo vocês estão me roubando. E ainda perguntam: 'Como é que te roubamos?'. Nos dízimos e nas ofertas. Vocês estão debaixo de grande maldição porque estão me roubando; a nação toda está me roubando. Tragam o dízimo todo ao depósito do templo, para que haja alimento em minha casa. Ponham-me à prova, diz o Senhor dos Exércitos, e vejam se não vou abrir as comportas dos céus e derramar sobre vocês tantas bênçãos que nem terão onde guardá-las.* (Ml 3.8-10)

Por meio do profeta Malaquias, Deus revela sua preocupação com nosso bem-estar. Todavia, espera também que estejamos preocupados com nosso próximo. Aliás, tudo o que Deus faz, o faz para nosso exemplo. Em Mateus 5.48, lemos: "Portanto, sejam perfeitos como perfeito é o Pai celestial de vocês". Devemos seguir o exemplo de Deus em tudo. Quando ele nos abençoa, espera que estendamos essas bênçãos às pessoas a nossa volta. Esse é um princípio bíblico fundamental, é o exemplo que devemos seguir. Quando negligenciamos dízimos e ofertas, estamos fechando a mão para que outras pessoas sejam abençoadas.

Alguém já disse que Deus não precisa do nosso dinheiro, mas a obra de Deus precisa. É uma grande verdade. De nada adianta orarmos: "Ó Senhor, salva a nação tal. Liberta os mendigos. Prepara, ó Deus, casas de recuperação para dependentes químicos. Usa os obreiros no campo missionário", mas, quando isso depende de nossos recursos para se tornar uma realidade... onde estão nossas ofertas? Estão aplicadas em carros, casas, investimentos financeiros para "nosso próprio deleite".

É simples descobrir se estamos no centro da vontade de Deus. Imagine-se parte de um corpo, por exemplo, sendo os tendões dos dedos da mão. Muito bem. Para que os dedos da mão executem todos os movimentos necessários, é preciso, em primeiro lugar, que os olhos vejam a necessidade pela qual os dedos deverão se mover. Os olhos enviam ao cérebro aquilo que captaram, a informação sobre determinada necessidade. O cérebro, por sua vez, emite impulsos elétricos que irão movimentar os tendões, e estes farão com que os dedos se movam. Mas, quando esses impulsos chegam "até você", tendão, você retém a descarga elétrica emitida pelo cérebro, fica enrijecido e não permite que os dedos se movam para cumprir todo o restante do processo. Isso seria uma catástrofe para todo o corpo!

Algo semelhante ocorre com a Igreja de Cristo. Os líderes na Igreja são os olhos que veem as necessidades do povo de Deus e da sociedade. Quando os líderes oram, estão enviando o resultado de sua visão ao cérebro da Igreja, que é Cristo. Cristo ouve suas petições e abençoa o Corpo, enviando provisões para todos, a fim de que a necessidade vista pelos líderes seja suprida. Mas, quando alguém retém algumas dessas provisões, muitos outros deixam de ser abençoados. É como se os dedos, que também são membros do corpo, não pudessem trabalhar na obra, porque os tendões retiveram a bênção. Uma vez que os dedos não puderam abençoar, alguém foi grandemente prejudicado por isso. E não se trata somente de abençoar com dinheiro, mas de entregar um folheto, de dar a mão em sinal de ajuda, de amizade, levar alimentos aos necessitados, expressar a posição bíblica sobre retidão, honestidade, sexo, aborto, divórcio a uma sociedade afastada de Deus – tantas coisas não puderam ser feitas por negligência de um membro do Corpo de Cristo!

Se, por outro lado, colocarmos as necessidades da casa de Deus em primeiro lugar, ele cuidará para que as necessidades de nosso lar sejam supridas e nada nos faltará.

2. CRER QUE A VONTADE DE DEUS É DE QUE SEUS FILHOS PROSPEREM

O segundo critério para orar por nossas necessidades é que devemos crer que é da vontade de Deus que sejamos supridos em nossas necessidades.

Alguns cristãos duvidam que Deus queira isso. Moisés, em Deuteronômio 28, nos dá uma lista das múltiplas bênçãos que são prometidas àqueles que obedecem à aliança. Ele diz que quem obedecer será cabeça e não cauda; estará em cima e não embaixo; será quem empresta e não o que toma emprestado; os seus inimigos virão por um caminho e serão afugentados por sete, isto é, dispersos em pânico. Enfim, um grande número de bênçãos e benefícios estará com quem permanecer em aliança com o Senhor, sendo-lhe fiel.

Veja o exemplo de Jacó (Gn 28-31). Após enganar seu pai, Isaque, e seu irmão, Esaú, Jacó foi enviado para a casa de seu tio Labão. Na viagem, enquanto dormia, Jacó teve um sonho. Viu uma escada que saía da terra e alcançava o céu. Na ponta da escada estava o Senhor, que lhe disse: "Estou com você e cuidarei de você, aonde quer que vá; e eu o trarei de volta a esta terra. Não o deixarei enquanto não fizer o que lhe prometi" (Gn 28.15). Deus disse que "não deixaria" Jacó enquanto não fizesse com ele aquilo que havia planejado e dito. Que maravilha! Deus não nos deixa sós!

Apesar de seu avô, Abraão, e de seu pai, Isaque, terem sido homens de Deus, Jacó estava afastado de seus caminhos. Quando acordou, fez um voto dizendo que, se Deus o abençoasse em toda a viagem que faria e o trouxesse de volta, ele lhe serviria e seria dizimista (Gn 28.20-22). Na verdade, o que Jacó votou foi o que Deus já havia dito que lhe faria. A Bíblia diz que, quando Jacó voltou para a casa de seu pai, trouxe consigo uma grande família com muitos filhos, além de camelos, ovelhas, cabras, bodes, camelas de leite com crias, jumentas e jumentinhos, vacas e seus novilhos, e empregados. É bom destacar que, na época, não havia indústria. Portanto, as atividades pecuária e agrícola eram as grandes riquezas existentes – e Jacó havia saído de casa sem nada, sem posses, sem propriedades, e retornava enriquecido pelo cumprimento das promessas de Deus.

Jacó havia experimentado Deus como *Jeová-jiré*, o Deus provedor. Esse nome de Deus revela que estamos redimidos da maldição de falhar e ficarmos derrotados, prostrados. Ainda que venhamos a fracassar - e isso é natural e possível -, Deus provê um meio de nos destacarmos e prosperarmos, como fez com Jacó. Deus já estabeleceu que sejamos bem-sucedidos. Agora, precisamos crer e buscar o centro de sua vontade.

3. SEJA ESPECÍFICO

O terceiro critério para se obter êxito na oração é *ser específico*.

Aqui é importante relembrarmos a segunda das três negativas que Jesus fez antes de ensinar o Pai-Nosso. Em Mateus 6.7, ele disse: "E, quando orarem, não fiquem sempre repetindo a mesma coisa, como fazem os pagãos. Eles pensam que por muito falarem serão ouvidos". Com isso, Jesus estava instruindo-nos a fazer uma oração racional, em que haja reflexão sobre o que dizemos e pedimos. Portanto, rezas e ladainhas (mesmo os jargões evangélicos) são reprovadas por Jesus.

No versículo seguinte, Jesus advertiu: "Não vos assemelheis, pois, a eles", ou seja, não façamos nossas orações de modo repetitivo e impensado, da boca para fora. Não será por isso que Deus nos ouvirá e atenderá. Jesus nos instruiu a orar: "O pão nosso de cada dia nos dai hoje".

Por meio dessa frase, aprendemos que devemos orar diariamente sobre as nossas necessidades específicas. Devemos evitar aquelas orações cansativas nas quais apresentamos as necessidades do mês todo. Faz-se uma grande oração no começo do mês, pedindo tudo o que se quer receber, e fica-se o resto do mês apenas aguardando que Deus dê aquilo que foi pedido. Mas isso não é bíblico.

A proposta de Jesus é que construamos um relacionamento diário com o Pai. O pão de cada dia, é bem verdade, refere-se ao alimento e demais necessidades materiais. Mas indica um princípio também: não devemos desprezar as necessidades espirituais que estão implícitas nesse tópico da oração. Por essa razão, Paulo exortou: "Não andem ansiosos por coisa alguma, mas em tudo, pela oração e súplicas, e com ação de graças, apresentem seus pedidos a Deus" (Fp 4.6).

Um pastor conhecido conta que, quando começou a crer e orar pelas necessidades específicas de sua igreja, Deus começou a elevar o nível de fé dos seus membros. No início, começaram a orar pedindo cinco mil dólares por semana para realizar projetos que tinham. Depois, quando as necessidades começaram a aumentar, passaram a pedir dez mil dólares. Em 1981, estavam crendo que o Senhor proveria vinte mil dólares e mais vinte novos membros por semana. Em 1984, sentiram-se desafiados a pedir sessenta mil dólares e sessenta novos membros *a cada semana*. O resultado desse tipo de oração específica foi fabuloso: colocaram o coração na vontade de Deus, e 3.659 novos membros foram adicionados àquela igreja em 1984. Isso dá uma média de *setenta almas por semana*, mais ou menos o mesmo número de uma nova congregação aberta por semana.

Mas essas coisas não aconteceram porque aquele pastor era um homem de negócios esperto e sabia alguns macetes e truques. Elas aconteceram porque ele e sua congregação aprenderam a esperar no Senhor até que ele plantasse sua vontade no coração de cada um deles.

Orar em concordância com a vontade de Deus é a chave que abre portas. Devemos saber qual é a sua vontade e, com base nela, permanecer orando sobre essas necessidades específicas até que a resposta chegue. Não devemos divagar, tentando adivinhar o que seria melhor para a obra de Deus ou para nós. Antes, devemos orar e aguardar que Deus revele seus planos, principalmente por meio da sua Palavra. Deus revelou seu propósito a Jacó, e Jacó concordou e investiu naquilo que havia sido revelado a ele. O resultado foi a prosperidade de Jacó, de sua nova família e, principalmente, do testemunho para a obra de Deus.

4. SEJA TENAZ, CONSTANTE E CORAJOSO

O quarto e último critério para obtermos êxito em nossas orações diárias é sermos tenazes. Isso significa que não devemos desistir até que nossas orações sejam respondidas. Jesus disse que devemos orar sempre e nunca desfalecer (Lc 18.1). Deus honra a persistência.

Talvez o maior exemplo de perseverança na oração nos seja dado pelo profeta Daniel. Diz a Bíblia, no livro que leva seu nome, que Daniel e parte do povo judeu estavam exilados na Babilônia. Daniel era ministro e conselheiro de Nabucodonosor, rei daquele país. Assim, ele era um homem instruído e tinha acesso a livros. Certo dia, leu, no livro do profeta Jeremias, que, após setenta anos que seu povo estivesse exilado, Deus se levantaria para trazê-los de volta a Jerusalém.

Nesse momento, manifestam-se mais uma vez a coragem e a tenacidade de Daniel. (Anteriormente ele já havia sido desafiado a comer das iguarias do rei e a interpretar sonhos e visões.) Ele poderia ter pensado: "Ah, Deus deve se manifestar daqui a alguns dias ou meses, já que ele mesmo disse que faria isso. Então, basta aguardar que tudo aconteça como ele mesmo falou!".

Mas, em vez disso, Daniel pôs-se a orar em concordância com a revelação que havia recebido lendo o livro do profeta Jeremias. Ele apresentou a Deus a situação do povo exilado e a promessa de resgate após setenta anos de cativeiro.

Daniel orou e jejuou, conforme lemos no capítulo 10 de seu livro. Mas ele não orou apenas um dia ou dois, nem mesmo uma semana. O próprio Daniel conta que orou por 21 dias seguidos, fazendo também jejum para que suas orações fossem atendidas. No versículo 4, ele conta que apenas no 21º dia após iniciar sua oração teve a visão de um anjo que veio da parte de Deus. O anjo contou-lhe que, desde o primeiro dia em que ele aplicou o coração a compreender e a humilhar-se perante o Senhor, suas orações haviam sido ouvidas (v. 12).

Se continuarmos lendo essa passagem, entendemos que Deus enviou a resposta da oração de Daniel *já no primeiro dia*; porém o anjo que trazia a resposta foi impedido de chegar até Daniel por causa de anjos enviados de Satanás que se opuseram a ele. Mas o Senhor enviou reforços angélicos, e no 21º dia Daniel recebeu a resposta daquilo que apresentava a Deus em oração e jejum.

Assim, vemos que, se Daniel tivesse desistido, ou mesmo se não tivesse coragem de "cobrar" de Deus sua intervenção na história do povo judeu, não teria vivido essa importantíssima experiência.

Mas Deus não designou apenas Daniel para experimentar algo assim. Se o Senhor revelou algo a você ou a sua igreja, é porque ele espera que venham a se apresentar diante dele em oração insistente, objetiva, específica e corajosa para que ele cumpra sua palavra. Não podemos ser desencorajados ou deixar que a falta de fé roube as respostas de nossas orações. Temos de tomar as armas da nossa guerra espiritual e vencer o diabo em nome de Jesus. Nós podemos retomar o solo perdido e ordenar que nossos tesouros roubados sejam restaurados! Nós temos de manter firme nossa confiança na Palavra e no poder de Deus.

UM AVANÇO ESPIRITUAL

Já vimos metade dos tópicos da oração ensinada pelo Senhor Jesus. Mas não basta conhecer – temos de praticar, aplicá-los em nossas vidas. Agora, ao orar: "Pai nosso que estás nos céus, santificado seja o teu nome", devemos agradecer profundamente por podermos chamá-lo de

Pai pela virtude e pelo poder do sangue de Jesus. Devemos também louvar a Deus e tomar posse de suas promessas por meio da santificação dos nomes que correspondem aos cinco benefícios da nova aliança. Além disso, devemos reavaliar e manter nossas prioridades de acordo com o coração de Deus, ao declarar: "Venha o teu Reino; seja feita a tua vontade".

Tendo essa perspectiva correta, podemos orar por nós mesmos, incluindo nossas necessidades diárias, por nossa família, por nossa igreja e por nossa nação. Também devemos nos lembrar da importância de estarmos na vontade de Deus, crendo que ele deseja que sejamos prósperos, sendo específicos e tenazes, pois é dessa maneira que iremos nos apropriar e experimentar a provisão de Deus para nossas necessidades diárias.

Para prosseguir, vamos examinar os três próximos tópicos dessa oração.

APLICAÇÃO

1. Procure identificar sinais e evidências da vontade de Deus para sua vida. Peça orientação ao seu líder (ou pastor), certifique-se por meio de textos bíblicos e acontecimentos do seu dia a dia. Isso servirá para que você desenvolva mais confiança nas promessas de Deus e sinta-se mais seguro debaixo dos propósitos do Pai.
2. Observe o cumprimento das promessas de Deus na vida de outras pessoas e famílias. Você pode ver isso em livros que contam biografias, ou na vida de pessoas idôneas em sua igreja ou de reconhecidos cristãos na Igreja brasileira.
3. Procure ser específico em suas orações e pedidos a Deus. Não peça para esbanjar, como adverte Tiago em sua carta.
4. Todos os dias, após certificar-se de que determinado pedido está dentro da vontade de Deus para a sua vida, quando voltar a orar por algo que ainda não recebeu, apresente o caso ao Senhor e seja perseverante. Insista quantos dias julgar necessários, até que a promessa seja cumprida.

---

[1] STOTT, John R. W. *A mensagem do sermão do monte.* São Paulo: ABU Editora, 1981. p. 152.

[2] *Ibid,* p. 153.

Filipenses 4.19

O meu Deus suprirá todas as necessidades de vocês, de acordo com as suas gloriosas riquezas em Cristo Jesus.

QUESTÕES PARA REVISÃO

1. A expressão "o pão nosso de cada dia nos dai hoje" marca o início de que parte da oração do Pai-Nosso?

- [ ] Da parte devocional.
- [ ] Da segunda parte.
- [ ] Das negativas sobre oração.
- [ ] Da parte intercessória.

2. De que pão Jesus está falando?

....

....

....

....

3. Quando Tiago diz: "Quando pedem, não recebem, pois pedem por motivos errados" (4.3), ele conclui dizendo o motivo pelo qual não recebemos resposta a nossas petições. Qual é?

- [ ] Pedirmos para desperdiçar.
- [ ] Pedirmos para guardar.
- [ ] Pedirmos para gastar nos prazeres.
- [ ] Pedirmos para dividir com os demais.

4. Quais os quatro critérios básicos para tomarmos posse das provisões de Deus, segundo Jesus?

a) ....

b) ....

c) ....

d) ....

5. O dízimo se enquadra em um desses critérios. Qual profeta falou sobre o dízimo?

- ☐ Jonas.
- ☐ Malaquias.
- ☐ Isaías.
- ☐ Ageu.

6. O Senhor disse, por meio de Malaquias, que não dar o dízimo:

- ☐ não causava problema;
- ☐ era o mesmo que roubar a Deus;
- ☐ era atitude normal em nossos dias;
- ☐ era facultativo, cada um sabe o que faz.

7. Complete os seguintes versículos:

a) *"E, quando orarem, não fiquem sempre repetindo a mesma coisa, como fazem os pagãos. Eles pensam que por* .... *serão ouvidos"* (Mt 6.7).

b) *"Não andem ansiosos por coisa alguma, mas em tudo, pela oração e súplicas, e com ação de graças,* .... *seus pedidos a* ...."(Fp 4.6).

8. A exortação "Não andem ansiosos por coisa alguma, mas em tudo, pela oração e súplicas, e com ação de graças, apresentem seus pedidos a Deus" está em:

- ☐ Filipenses 4.6;
- ☐ João 4.6;
- ☐ Tiago 4.5;
- ☐ Hebreus 4.6.

9. De acordo com o texto, quando Daniel orou a Deus, a resposta de Deus foi dada:

- ☐ no trigésimo dia;
- ☐ no primeiro dia;
- ☐ no vigésimo primeiro dia;
- ☐ não foi dada.

10. Quando oro "dá-nos hoje", estou decretando que Deus não demore, porque sou exigente demais ou estou afirmando que dependo dele diariamente? Justifique sua resposta.

....

....

....

....

5

"PERDOA-NOS AS NOSSAS DÍVIDAS"

Eis aqui mais um tópico da segunda parte dessa oração, que é voltada para as necessidades do homem. Mesmo sabendo que estamos pedindo coisas para nós, precisamos ter em mente que a essência do perdão envolve a atuação suprema do Espírito Santo. Ninguém chega ao verdadeiro perdão se não sofrer a intervenção divina em sua vida. O apóstolo Paulo chega a afirmar que é a bondade de Deus que nos conduz ao arrependimento:

> *Ou será que você despreza as riquezas da sua bondade, tolerância e paciência, não reconhecendo que a bondade de Deus o leva ao arrependimento?* (Rm 2.4)

O propósito de Jesus, ao nos ensinar a orar assim, pedindo perdão por nossas dívidas, não é incitar-nos a fazer algo por nós mesmos, mas, sim, criar em nós a preocupação quanto ao relacionamento com as outras pessoas – ele está iluminando nosso relacionamento social.

Há pessoas que têm grande dificuldade em se relacionar com o semelhante. Ao mesmo tempo, afirmam constantemente que estão de bem em seu relacionamento com Deus, e isso lhes basta. Ora, é uma grande hipocrisia fazer esse tipo de afirmação. O apóstolo João foi muito claro e feliz ao escrever: "Quem afirma estar na luz, mas odeia seu irmão, continua nas trevas" (1 Jo 2.9).

Veja que palavras duras são essas! Deve ser horrível pensar que estamos na luz quando, aos olhos de Jesus, estamos em profundas trevas! Em outras palavras, estamos enganando a nós mesmos quando pensamos e agimos assim. Tiago também alertou para o pecado de não nos relacionarmos bem com as pessoas; ele escreveu que, com a boca, "bendizemos o Senhor e Pai e, com ela, amaldiçoamos os homens, feitos à semelhança de Deus" (Tg 3.9).

Portanto, a maior prova de que amamos a Deus é amar nossos irmãos e demonstrar isso. O bom relacionamento com as pessoas a nossa volta é a evidência de que estamos de bem com Deus e, principalmente, de que Deus está de acordo com nossa maneira de viver. Ele também está de bem conosco.

Nesse ponto da oração dominical, Jesus parece envolver-nos de tal modo em nosso íntimo que faz com que haja reflexão profunda sobre aquilo que estamos pedindo e sobre aquilo que somos (*ter* x *ser*).[1] A Palavra de Deus não se contradiz. Ao contrário, ela se completa em cada detalhe. Assim, Jesus insere aqui um elemento para fazer-nos refletir sobre aquilo que vamos pedir ou já estamos pedindo a Deus. Não é aconselhável que a nossa oração e o nosso relacionamento com Deus sejam apenas da boca para fora. Qualquer oração que façamos é uma conversa, um diálogo direto com Deus. Não dá para imaginar alguém falando com Deus e pensando em qual roupa vai vestir à noite... Nosso coração precisa estar em nossa oração e nossas palavras não devem ser ditas antes de pensarmos no que iremos dizer.

Conforme dito no capítulo anterior, um dos critérios para que nossa oração seja ouvida é priorizarmos os dízimos e as ofertas. Não quero com isso enfatizar a questão material do assunto, pois os dízimos e as ofertas têm como objetivo o sustento das famílias necessitadas que estão na igreja. Portanto, quando levamos nosso dinheiro para a coleta na igreja, devemos ter nosso coração na manutenção das carências do próximo. E não só suas carências, mas também o relacionamento entre os irmãos.

Aqui vamos avançar neste pensamento, pois não basta apenas separarmos algum dinheiro para Deus, sem que nosso coração esteja envolvido com seus princípios eternos ou sem que nosso relacionamento com as pessoas seja questionado. Esses assuntos estão intimamente ligados. Veja como o Senhor Jesus "costurou" esses dois assuntos no mesmo *Sermão da Montanha*:

> "*Portanto, se você estiver apresentando sua oferta diante do altar e ali se lembrar de que seu irmão tem algo contra você, deixe sua oferta ali, diante do altar, e vá primeiro reconciliar-se com seu irmão; depois volte e apresente sua oferta.* (Mt 5.23,24)"

Nesse texto, Jesus demonstra enfaticamente que a oração que fazemos é algo realmente sério e reflexivo. Temos de ser racionais e honestos se quisermos alcançar suas bênçãos e promessas para nossa vida. Há um envolvimento espiritual de todo o nosso ser com os planos de Deus na oração que o Senhor Jesus ensinou. Deus está realmente disposto a transformar-nos e iluminar-nos por meio dessas poucas palavras. Podemos aplicar a todas as nossas orações o teste da oração do Pai-Nosso. Aparentemente simples, na verdade ela contém os elementos profundos do relacionamento real com Deus. Por isso, permita que o Espírito Santo revele se alguma área de sua vida precisa ser tocada e ajustada. Deixe que o Espírito Santo revele agora se há alguém que precisa receber seu perdão, alguém a quem você deixou para trás no passado. Permita que o perdão de Deus alcance essa pessoa e flua por meio de você. Faça agora uma oração assim:

> *Senhor, tenho lido e aprendido sobre o perdão. Quando me aproximei de ti, recebi imediatamente teu perdão. Tu não o negaste a mim, e nunca negarás. Agora, permite que meu coração seja aberto por tua graça e eu não guarde mágoas passadas e não venha a negar o perdão a pessoa alguma no futuro. Quero ser um canal do teu perdão e do teu exemplo. Cobre-me, Senhor, com o sangue de teu amado Filho, e guarda-me sob as asas da tua proteção. Amém.*

A terceira e última negativa de Jesus sobre a oração, isto é, aquilo que ele aconselha a não fazermos ao orar, está intimamente relacionada com esse tópico. No Evangelho de Mateus 6.8 estão registradas as seguintes palavras de Jesus:

> *Não sejam iguais a eles [pagãos], porque o seu Pai sabe do que vocês precisam, antes mesmo de o pedirem.*

Aqui a onisciência de Deus está em foco. Onisciência é um atributo único de Deus. Ele possui alguns atributos que nenhum outro ser possui. Esses atributos são as credenciais do Todo-poderoso. Além da onisciência, isto é, capacidade de saber todas as coisas, o Senhor também é onipresente – está em todos os lugares ao mesmo tempo –, onipotente – possui todo o poder – e eterno – nunca começou a viver e nunca deixará de existir. Ele sempre existiu. A existência é sua essência.

Sendo onisciente, o Pai celestial sabe de todas as coisas, sobre todos os assuntos, sobre todas as pessoas, em todo tempo e lugar. Nada está oculto aos seus olhos, nem no mundo físico nem no mundo espiritual. Nada lhe passa despercebido e nada podemos esconder dele, seja guardando em um baú, seja dentro de nós mesmos, em nosso coração. (Não posso sequer imaginar o que o leitor está pensando agora, mas Deus já sabia antes mesmo de você pensar.)

Nosso coração está exposto dia e noite a seus olhos, e até mesmo aquilo que pensamos Deus pode ver nitidamente. Como sei disso, costumo repetir, em minhas orações, as seguintes palavras de Davi:

> *Sonda-me, ó Deus, e conhece o meu coração; prova-me, e conhece as minhas inquietações. Vê se em minha conduta algo te ofende, e dirige-me pelo caminho eterno.* (Sl 139.23,24)

Uma vez que o Senhor sabe de todas as coisas, nosso relacionamento será beneficiado quando nos expusermos a ele voluntariamente e sem reservas. Não espere até que o Espírito Santo o conduza à reflexão e à autoavaliação. Faça-a de bom grado, deixando que ele o banhe com a luz eterna para, assim, sarar suas feridas e cicatrizar os cortes no relacionamento com Deus.

Como Deus sabe e vê todas as coisas, podemos orar: "Perdoa as nossas dívidas". Alguém pode esconder um ou outro pecado dos pais, do cônjuge, dos filhos e até mesmo do pastor e da igreja. Mas não há nada oculto ao onisciente Deus. Quando oramos "perdoa as nossas dívidas", estamos nos expondo conscientemente a Deus para que ele nos sonde. É uma prova de fogo orar essas palavras a Deus. Devemos nos apresentar a ele confessando nossos pecados, e não esperar que ele venha apontá-los. Quando trazemos diante de Deus nossas misérias e pedimos que a riqueza de sua graça venha sobre nós, ele jamais retém o perdão.

A oração se torna, então, um momento de *rendição*, não de negociação. Quando nos apresentamos diante de Deus para fazer nossas orações, devemos vir predispostos a reconhecer seu senhorio, sua vontade e sua onisciência, bem como a abrir mão do controle sobre nós mesmos, de nossa vontade e de nosso conhecimento tão limitado a respeito de todas as coisas. A oração é também momento de *restauração*, principalmente no que diz respeito a relacionamentos. Podemos até sugerir a seguinte paráfrase para esse trecho do Pai-Nosso:

> "*Restaura minha comunhão contigo, ó Pai, do mesmo modo como eu farei todo o possível para restaurar a comunhão com todas as pessoas com quem me relaciono, sejam elas amigas ou mesmo inimigas.*"

Tenha em mente a expressão "assim como", pronunciada por Jesus. Ela é um dos pontos-chave dessa oração, porque vincula o que pedimos a Deus com o que daremos ao próximo. Oramos pedindo perdão, "assim como" perdoamos o próximo, ou seja, se perdoarmos os outros, ele nos perdoará também. Se retivermos o perdão a alguém, ele também reterá o perdão que lhe pedimos. Assim como não devemos impedir que as bênçãos cheguem às pessoas, como no exemplo dos tendões mencionado no capítulo anterior, uma vez que Deus não nega suas bênçãos aos que livremente abençoam os que estão à sua volta, não podemos impedi-las de alcançar as pessoas.

A oração é também um momento de *transbordamento*. É quando Deus nos enche com a presença do seu Espírito. Se nos apresentarmos cheios de nossas razões e de autossuficiência, de modo algum poderemos ser cheios pelo Espírito Santo. Quando nos apresentarmos a ele, devemos estar vazios de nós mesmos para sermos total e plenamente cheios por ele.

Há pessoas que se aproximam de Deus, oram fazendo seus pedidos e, em alguns casos, até mesmo *exigem bênçãos*, mas se negam a apresentar a Deus seus pecados ocultos, pensando que, se Deus não os apontar, é porque não os considerou como pecados. Isso não é verdade, pois, se sabemos que algo é certo, o *não fazer* já é pecado:

> *Pensem nisto, pois: Quem sabe que deve fazer o bem e não o faz, comete pecado.* (Tg 4.17)

Aqui reside um dos motivos mais importantes pelo qual devemos ler a Palavra de Deus e meditar nela. É na Bíblia que encontramos as revelações do Senhor. Em sua Palavra, Deus revela o que considera certo e errado. Por meio das Escrituras, o Senhor revela o modo como pensa, uma vez que narra episódios dos mais variados, sobre diversos assuntos e pessoas, e em épocas distantes, acrescentando sua "opinião", seu parecer, revelando seu coração em relação a eles. Desse modo, percebemos como Deus trata o homem, o que pensa a seu respeito e a respeito de seus atos e pensamentos – assim, nos incluímos no rol dos personagens bíblicos e recebemos a mesma avaliação de Deus que eles receberam.

Se o Senhor determinou um princípio no passado, a mesma determinação vale para nós ainda hoje. Se, no passado, Deus puniu alguém por um pecado cometido em determinada circunstância, certamente o fará milhares de anos depois, se praticarmos os mesmos atos. Deus não muda e jamais mudará os critérios pelos quais age sobre os homens. Os padrões de Deus são eternos e imutáveis. O autor de Hebreus afirma isso da seguinte maneira: "Jesus Cristo é o mesmo, ontem, e hoje, e para sempre" (Hb 13.8).

No momento sagrado e especial da oração, não devemos perder tempo tentando negociar com Deus. "Barganhas" não são bem-vindas na oração – na verdade, são rejeitadas de pronto. Coração aberto e exposto a Deus, isso, sim, é por ele abençoado e aprovado.

Quando, na oração, algum pecado vier a nossa mente, devemos confessá-lo imediatamente e declarar a promessa de 1 João 1.9: "Se confessarmos nossos pecados...". A palavra *confessar*, nesse versículo, significa "falar a mesma coisa", ou seja, declararmos o que realmente ocorreu. Devemos concordar com o que Deus está dizendo sobre nosso pecado e estar dispostos a abandoná-lo. O conselho de Deus é benéfico e nos revitaliza.

Mas esse trecho da oração que o Senhor Jesus ensinou não é, como já disse, unilateral. Aproveitando o jargão moderno, podemos dizer que é "interativo". Não é suficiente pedir a Deus que simplesmente nos perdoe por nossos pecados: devemos perdoar os outros *assim como* desejamos ser perdoados. Há uma reciprocidade explícita aqui: "Perdoa-nos... assim como". Vou explicar melhor.

Como recebemos o perdão de Deus? *Assim como* nós perdoamos aos outros. Se nos ofendem dez vezes, e perdoamos apenas seis, isso quer dizer que, a cada dez pecados cometidos, Deus nos perdoará somente seis. É assim que *funciona* o "assim como" nós perdoamos, Deus nos perdoará também.

Até nesse detalhe podemos ver o cuidado e o esforço de Deus em nos conduzir a uma vida de perdão diante de sua presença. Isso é aplicado como um treinamento a nós. É crucial, portanto, que nos exercitemos no perdão, porque desse exercício depende também o perdão para nós mesmos. Nunca percamos de vista que, imediatamente após entregar a oração-modelo, Jesus acrescentou esta explicação, ressaltando a importância do que ensinara:

> *Pois se perdoarem as ofensas uns dos outros, o Pai celestial também lhes perdoará. Mas se não perdoarem uns aos outros, o Pai celestial não lhes perdoará as ofensas.* (Mt 6.14,15)

Em Mateus 18, encontramos uma ilustração específica sobre esse princípio da reciprocidade. Pedro perguntou a Jesus: "Até quantas vezes pecará meu irmão contra mim, e eu lhe perdoarei? Até sete?" (v. 21). Pedro estava se sentindo um homem muito bom! Ele achou que perdoar uma pessoa sete vezes era ser extremamente generoso. Mas a resposta de Jesus o surpreendeu: "Não te digo que até sete, mas até setenta vezes sete" (v. 22).

Com isso, Jesus ensinou que devemos perdoar quantas vezes forem necessárias, pois ele está disposto a nos perdoar da mesma maneira. Depois, para ilustrar o que havia dito, Jesus contou uma história sobre o perdão:

> *Por isso, o Reino dos céus é como um rei que desejava acertar contas com seus servos. Quando começou o acerto, foi trazido à sua presença um que lhe devia uma enorme quantidade de prata.* (v. 23,24)

Jesus usou essa parábola para ensinar pelo menos quatro lições. Primeira: nossa dívida de pecado contra Deus é muitíssimo maior do que qualquer dívida que alguém possa ter para conosco. Nada pode ser comparado à ofensa do pecado contra Deus. Mesmo que alguém nos prejudique grandemente, intencionalmente, durante muito tempo de nossa vida, ainda assim isso não poderá ser comparado com o menor pecado que cometemos contra Deus. Ele criou o homem, e o pecado é o nosso afastamento de Deus, o distanciamento desse homem-criatura em relação ao seu Criador. Pecar contra Deus é dar-lhe as costas e tapar os ouvidos a sua voz. É desprezá-lo. Não seguir a Cristo, seu Filho, é desfazer do maior bem dado por Deus aos homens.

A segunda lição é que, quando nos recusamos a perdoar a outra pessoa, nós barramos as bênçãos sobre ela. Na continuação da parábola contada por Jesus, vemos que o servo a quem foi perdoada a grande quantidade de prata mandou prender quem lhe devia muito menos. Ora, se ele, que devia muito, recebeu o perdão de sua dívida, por que não estender a mesma bênção a quem lhe devia muito menos? Este último foi prejudicado porque o primeiro lhe negou o perdão. Quando não perdoamos as pessoas, nós as impedimos de desfrutar uma bênção que Deus transmitiu a nós para ser usufruída por todos.

A terceira lição que o Senhor Jesus nos ensina é que devemos perdoar da mesma maneira que Deus nos perdoa. A palavra que define o tipo de perdão que recebemos é "incondicional", isto é, não há limites nem condições (salvo o arrependimento) para que o perdão de Deus seja concedido. Tenhamos cometido um pecado aparentemente pequeno ou um pecado monstruoso, Deus está sempre disposto a manifestar sua misericórdia a nosso favor por meio do perdão, quando encontra arrependimento.

A última lição é que, se decidirmos guardar mágoas e não perdoar, viveremos com lembranças ruins, atormentadoras e até mesmo opressão demoníaca. Enquanto não resolvermos perdoar quem nos ofendeu, sofreremos. Se, por um lado, o perdão provém de Deus, por outro, o rancor e a mágoa vêm do diabo. Reter o perdão é, sem dúvida alguma, efeito de uma ação demoníaca. Por favor, não confunda opressão com possessão demoníaca. O diabo exerce sua vontade sobre a pessoa que não permite que o perdão de Deus aja. Por isso, a pessoa precisa libertar-se desse campo de ação maligna. Permanecer debaixo das asas e do esconderijo do Altíssimo após perdoar é infinitamente mais reconfortante.

A cada manhã em que orarmos "perdoa as nossas dívidas assim como perdoamos aos nossos devedores", devemos estar convictos de que vamos, de fato, perdoar aqueles que pecaram contra nós. Experimente fazer desse trecho da oração uma meta diária. Tente se aproximar de pessoas com quem seu relacionamento está comprometido (se houver) e, por meio da oração, busque de Deus uma oportunidade para poder perdoar essas pessoas.

Certa vez, um irmão teve um problema de relacionamento com a mãe. Ela tinha uma opinião diferente da sua em determinado assunto e, ao conversarem sobre esse tema, discutiram. O irmão estava seguro de que seu ponto de vista era biblicamente correto e, por isso, insistia em defender suas convicções. A mãe, por sua vez, era irreversível e implacável. Após a discussão, o irmão recordou-se do texto que orienta a perdoar e a reconciliar-se antes de apresentar qualquer oferta diante do altar de Deus. Mas ele teve dificuldades em aceitar o fato de ter de pedir perdão. Então, orou a Deus, pedindo-lhe que lhe desse forças e criasse a oportunidade de pedir perdão à mãe.

Quando o momento chegou, ele se sentia angustiado por ter de se humilhar diante de uma posição que ele sabia estar errada. Mas, ao abrir a boca, foi interrompido. Sua mãe adiantou-se e pediu-lhe perdão antes mesmo que ele dissesse uma só palavra. Aquilo o surpreendeu, pois pôde ver a intervenção divina no caso.

Deus nos honra quando nos dispomos a fazer as coisas conforme a sua vontade. As portas são abertas quando entramos no raio de atuação do seu Espírito. Não devemos esperar estar no auge de um conflito emocional para decidir como vamos reagir. Se já resolvemos perdoar quando estamos com os joelhos dobrados, não é tão difícil perdoar quando estivermos frente a frente com alguém que pecou contra nós. Quando começamos a perdoar as outras pessoas, somos habilitados a experimentar uma nova liberdade espiritual, vitória e alegria. Eu seria a pessoa mais amarga do mundo se Deus não tivesse implantado a mensagem do perdão em meu coração.

> *Pai, perdoa-nos assim como perdoamos aos nossos devedores.*

APLICAÇÃO

1. Sabendo que Deus é onisciente, *renda-se* ao conhecimento que ele tem de todas as coisas, inclusive do que está em seu coração, atos, pensamentos etc. Conte-lhe tudo o que julgar necessário e aquilo que o Espírito orientá-lo a dizer.
2. Permita que o Espírito toque você sobre pessoas com quem deverá restaurar a comunhão por meio do perdão mútuo. Peça a Deus que dê graça, que intervenha e dirija tudo para a glória do seu nome.
3. Abra o seu coração para que Deus o encha com amor, com desejo de perdoar e com as virtudes que vêm do seu Espírito. Peça a ele que complete em você a obra que ele começou a fazer.

[1] Epicuro, quatro séculos antes de Cristo, era um homem rico na Antiga Grécia, e também era filósofo. Epicuro (cujos discípulos ficaram conhecidos como epicureus) ensinava que a felicidade consiste em "ter tudo o que se pode ter e gozar tudo o que se pode gozar". Esse conceito originou as bases da filosofia hedonista (que privilegia o prazer), que predomina hoje em muitos países, especialmente nos capitalistas e Ocidentais.

Diógenes, na mesma Grécia, era um homem pobre. Não tinha propriedade; dormia num barril no mercado de Atenas. Diógenes entendia por felicidade exatamente o contrário de Epicuro. Perguntaram a ele o que entendia por felicidade, ao que respondeu: "A felicidade consiste em não ter nada que o mundo nos possa tirar, e não desejar nada que o mundo não possa dar". Se temos algo que o mundo nos pode tirar, e o perdemos, então perdemos também a felicidade e nos tornamos infelizes. Se não desejamos nada que o mundo não possa nos dar, então não somos privados da felicidade. Tendo com que nos alimentar, isso nos basta. Segundo a filosofia de Diógenes, a felicidade não consistia no que temos; ao contrário, consiste a felicidade no não ter.

Mas surgiu uma terceira escola filosófica. Essa nova escola não se baseava no ter ou no não ter. Baseava-se no ser. Zenon ensinava isso. No mercado de Atenas, havia uma área coberta para os dias de chuva, e os discípulos de Zenon se reuniam nesse lugar chamado *esthoa* (do grego, *stoikos*), do qual se originou o nome que identificava os discípulos de Zenon: estoicos.

Zenon ensinava que a felicidade não consiste em ter um objeto (como ensinava Epicuro); a felicidade também não consiste em não ter nenhum objeto (como ensinava Diógenes). A felicidade consiste no ser. O conceito de felicidade, então, passa do objeto para o sujeito, transfere-se a ideia de felicidade do ter para o ser. A questão torna-se a seguinte: "Como é que o sujeito, isto é, o homem, se comporta em face do objeto presente ou do objeto ausente?". Zenon ensinava que a postura e o comportamento do homem em relação ao que tem ou ao de que está privado (ao que não tem) são mais importantes do que qualquer outra coisa.

Nisso consiste a felicidade, segundo os estoicos. Se o homem possui riquezas, mas sabe manter uma atitude equilibrada diante da riqueza, ou se o homem é pobre, porém, igualmente, sabe manter uma atitude de equilíbrio diante da pobreza, nisso consiste a felicidade.

1 João 1.7-9

Se, porém, andarmos na luz, como ele está na luz, temos comunhão uns com os outros, e o sangue de Jesus, seu Filho, nos purifica de todo pecado. Se afirmarmos que estamos sem pecado, enganamos a nós mesmos, e a verdade não está em nós. Se confessarmos os nossos pecados, ele é fiel e justo para perdoar os nossos pecados e nos purificar de toda injustiça.

QUESTÕES PARA REVISÃO

1. Marque com V as alternativas que forem verdadeiras e com F as falsas:

- ☐ O perdão é a primeira consequência do nosso arrependimento.
- ☐ Para sermos perdoados por Deus, é necessário um longo caminho de penitências.
- ☐ Só podemos perdoar aos outros se formos primeiro perdoados por Deus.
- ☐ Devemos perdoar aos outros como Deus nos perdoa.
- ☐ O perdão de Deus para mim é diferente do perdão que Ele dá aos demais membros da minha família.
- ☐ Quando oro "perdoa nossas dívidas", estou pedindo a autorização de Deus para não pagar minhas dívidas no comércio.
- ☐ Não preciso perdoar mais que sete vezes, de acordo com o que Jesus disse.
- ☐ Quando aceito a Jesus, sou perdoado de todos os meus pecados. Graças ao sacrifício de Cristo, nunca mais precisarei confessar meus pecados a Deus.
- ☐ Quando perdoo um irmão, compenso os pecados que pratiquei. Assim, não preciso mais confessar-me nem arrepender-me.

2. Descreva com suas palavras o que acontece quando somos perdoados por Deus.

....

....

....

....

3. Justifique a seguinte afirmação: "Os pecados fazem separação entre o homem e Deus. Quando me arrependo e confesso meus pecados a Deus, fortaleço nosso relacionamento e o maligno não tem poder sobre mim".

....

....

....

....

4. Quando recusamos o perdão a alguém, tornamos essa pessoa privada de bênçãos divinas. Por quê?

....

....

....

....

5. Na sua opinião, existe alguma ligação entre o que Jesus disse a Pedro sobre perdoar setenta vezes sete e o fato de Deus nos perdoar sempre que cometemos um pecado e nos arrependemos?

....

....

....

....

6. As dívidas a que Jesus se refere são:

☐ as despesas mensais não pagas;

☐ pecados cometidos contra Deus e o próximo;

☐ uma linguagem para aquela época do Novo Testamento;

☐ dízimos e ofertas atrasados.

7. Complete os seguintes versículos:

a) *"Pensem nisto, pois: Quem sabe que deve fazer o bem e não o faz, ..."* (Tg 4.17).

b) *"Pois se perdoarem as .... uns dos outros, o Pai celestial também lhes perdoará. Mas, se não .... uns aos outros, o Pai celestial não lhes as ...."* (Mt 6.14,15).

c) *"Se, porém, andarmos na ...., como ele está na ...., temos .... uns com os outros, e o sangue de Jesus, seu Filho, nos purifica de todo ...."* (1 Jo 1.7).

8. Explique a expressão "Perdoa-nos, assim como...".

....

....

....

....

9. Associe as colunas:

a) Se decidirmos guardar mágoas e não perdoar	☐	da mesma maneira que Deus nos perdoa.
b) Se perdoarem as ofensas uns dos outros	☐	é muitíssimo maior do que qualquer dívida.
c) Nossa dívida de pecado contra Deus	☐	nós barramos as bênçãos sobre ela.

d) Quando nos recusamos a perdoar outra pessoa ☐ viveremos com lembranças ruins.

e) Devemos perdoar ☐ o Pai celestial também lhes perdoará.

10. A cada manhã em que orarmos “perdoa as nossas dívidas assim como perdoamos aos nossos devedores”, devemos:

☐ orar toda a oração do Pai-Nosso;

☐ ignorar aqueles que nos maltratam;

☐ estar convictos de que vamos perdoar àqueles que pecaram contra nós;

☐ nenhuma resposta está correta.

6

"E NÃO NOS DEIXES CAIR EM TENTAÇÃO"

Assim começa o penúltimo tópico dessa segunda parte da oração que estamos estudando. Diversas pessoas estranham essas palavras usadas por Jesus. Não conseguem entender, numa leitura rápida, o que Jesus realmente quis dizer.

Realmente esse texto gera certa estranheza. "Deus nos induz à tentação?" (como dizem algumas versões) é a pergunta mais comum. Poderia o Senhor encaminhar um filho seu até o momento ou até o ponto de ser tentado? Certamente não, pois é a própria Bíblia que afirma:

> *Quando alguém for tentado, jamais deverá dizer: 'Estou sendo tentado por Deus'. Pois Deus não pode ser tentado pelo mal, e a ninguém tenta.* (Tg 1.13)

Vamos considerar essas afirmações ponto a ponto.

"Normalmente entendemos a palavra '*tentação*' com o sentido de seduzir ao pecado, ao erro. Entretanto, a ideia bíblica de 'tentação' não é necessariamente essa: o seu sentido é o de colocação de uma pessoa em prova, sujeição a um teste; o que pode ser feito com o '*propósito benevolente*' de provar, experimentar ou melhorar a sua qualidade; verificar a sua fidelidade; ou então, com o '*propósito malicioso*' de mostrar a sua fraqueza, induzindo-o a um procedimento considerado negativo."[1]

No texto de Tiago 1.13, o apóstolo está falando sobre pessoas que passam por provas, sofrimentos e tentações. Nesse ponto de sua mensagem, ele adverte sobre um acontecimento muito comum. Algumas pessoas acham que, por serem fiéis a Deus, as tentações a que estão sujeitas são criadas pelo próprio Deus, uma vez que acreditam não poderem ser submetidas a tentações pelo diabo: "Como o diabo pode exercer alguma força ou poder sobre elas, uma vez que estão nas mãos de Deus?". Essa é a questão que levantam.

Então, Tiago adverte que, caso alguém esteja nessa situação, "jamais deverá dizer: Estou sendo tentado por Deus". Em outras palavras, não é correto dizer: "Deus me trouxe a esse ponto de tentação".

É certo que ele permite a seus servos passarem por dificuldades a fim de provar-lhes e fortalecer-lhes a fé. Mas tentar, no sentido que Tiago usa, é diferente: é provocar a pessoa de modo que ela se desvie do caminho em que está, afastando-se de Deus. E definitivamente esse não é o propósito de Deus. Ao contrário, nosso Pai celestial quer que nos aproximemos cada vez mais dele.

Em segundo lugar, Tiago declara com todas as letras que Deus não pode ser tentado pelo mal. Isso quer dizer que o diabo não tem poder algum de seduzir a Deus a fim de que ele, por sua vez, tente seus filhos para afastarem-se de seus caminhos. "Deus não pode ser tentado pelo mal", isto é, Deus não pode ser seduzido e rendido pelo diabo.

E, por último, Tiago diz que "Deus a ninguém tenta". Há uma grande diferença entre Deus tentar alguém e Deus provar alguém.

Toda a Bíblia apresenta registros de como Deus provou seus filhos, e estes, ao serem aprovados, foram grandemente fortalecidos, permanecendo firmes diante de Deus e alcançando vitórias significativas. Mas em nenhum caso bíblico alguém foi seduzido por Deus até que se desviasse. Quem se desvia de Deus é porque deseja afastar-se dele mais do que permanecer insistentemente na sua presença. Não podemos culpar a Deus por colhermos aquilo que semeamos. O mal que recebemos é fruto daquilo que nós mesmos fazemos (Lm 3.39).

Resolvida essa questão, vamos ver a dimensão da palavra na oração ensinada pelo Senhor Jesus. No original grego, a palavra traduzida como "tentação" é *peirazō*, que significa "ver a fraqueza, cair em fraqueza".

Quem tenta os servos de Deus é o diabo. Quando o inimigo de nossa alma nos tenta, o que ele faz, na verdade, é mostrar-nos nossa própria fraqueza. O diabo não nos tenta naquilo em que somos fortes. Ele não perde tempo com isso. Ao tentar-nos, ele nos mostra elementos e características de nossa própria fraqueza, coisas pelas quais somos enfraquecidos e fragilizados e ficamos vulneráveis, se atingidos por seus dardos.

Vamos analisar um caso típico e bem conhecido: o de Adão e Eva. Em Gênesis 3, Moisés narrou a história da tentação da mulher e, consequentemente, a tentação do homem.

> *Disse a serpente à mulher: 'Certamente não morrerão! Deus sabe que, no dia em que dele comerem [do fruto], seus olhos se abrirão, e vocês, **como Deus, serão conhecedores do bem e do mal**'.* (Gn 3.4,5; grifo meu)

Uma vez seduzida, Eva cedeu à tentação de *ser como Deus*, sabedora do bem e do mal. Mas a fraqueza de Eva não consistia no desejo de saber coisas como Deus sabia, de conhecer coisas como Deus conhecia. Essa façanha a serpente conseguiu despertando na mulher o desejo de apossar-se do fruto. Aí então a mulher teve o desejo de saber coisas como Deus sabia:

> *Quando a mulher viu que a árvore parecia agradável ao paladar, era* ***atraente aos olhos*** *e, além disso,* ***desejável para dela se obter discernimento****, tomou do seu fruto, comeu-o e o deu a seu marido, que comeu também.* (Gn 3.6; grifo meu)

Por que Eva desejou ter entendimento como o de Deus? Porque o entendimento de Deus parecia ser o *elemento que lhe proporcionaria domínio* sobre o homem, sobre Adão. Deduzo isso à luz da maldição que Deus pôs sobre a mulher:

> *À mulher ele declarou: (...) seu desejo será para o seu marido,* ***e ele a dominará****.* (Gn 3.16b; grifo meu)

Deus disse que o desejo que Eva tinha seria dado ao seu marido, qual seja, aquilo que ela tanto desejava – sua fraqueza em relação a Adão – era não ser dominada por ele. Mas, sobre Adão, o único que dominava era o próprio Deus. Por isso, Eva desejou ter entendimento para, assim, ter domínio sobre Adão. Mas o castigo divino, por meio da maldição, inverteu a situação: Adão é quem passou a ter domínio sobre Eva.

Voltando à função da serpente, ela é responsável por mostrar à humanidade sua fraqueza. Quando somos tentados, somos confrontados com aquilo que está oculto em nosso ser. O que o diabo faz é despertar em nós esse desejo escondido e proporcionar meios e condições de cedermos à tentação. Se cairmos, ele nos venceu.

Costumo dizer que, no episódio ocorrido no jardim, Eva foi infinitamente mais segura da posição que deveria defender diante do tentador. Apesar da pressão que sofreu, ela discutiu, debateu, refutou aquilo que a serpente queria fazê-la aceitar pura e simplesmente. Ao contrário, Adão nem sequer questionou: tomou do fruto e comeu. E assim parece que muitos têm feito desde aquele tempo até hoje.

"Tentação em sentido bíblico não quer dizer experimentação da força, mas justamente perda de todas as formas e indefesa entrega ao Satanás. (...) A mentira do diabo consiste na sua tentativa de fazer o homem acreditar que pode viver sem a Palavra de Deus."[2]

Completando esse raciocínio, Kris Lundgaard afirma que "o pecado que reside em nós tira vantagens da nossa preguiça e negligência naturais nas coisas do Espírito, tentando-nos a pôr de lado os deveres espirituais um a um. Ela não vai tentar tirar Deus da nossa mente de uma vez. Mas ela vai nos convencer a pensar nele cada vez menos, fazendo-nos pensar que podemos seguir com um pouco menos de oração, com momentos devocionais mais curtos - até que por fim nos convence de que podemos seguir adiante sem nenhuma conversa com Deus".[3]

Quando Jesus instruiu seus discípulos a orar "não nos deixes cair em tentação", seu propósito era ensiná-los a orar contra as forças que estavam acima do controle deles. Ele também os estava ensinando a vigiar e orar para que não caíssem em tentação por meio de sua própria desobediência e falta de cuidado com as fraquezas.

Stott diz que aqui há um problema que se refere ao fato de que a Bíblia diz serem a tentação e a provação duas coisas boas para nós: "Meus irmãos, tende por motivo de toda a alegria o passardes por várias provações" ou "tentações" (Tg 1.2). Se elas são benéficas, por que deveríamos orar para que não ficássemos expostos a elas? A resposta provável é que a oração é mais no sentido de podermos vencer a tentação do que a evitarmos. Talvez poderíamos parafrasear todo o pedido assim: "Não permitas que sejamos induzidos à tentação que nos possa derrotar, mas livra-nos do maligno".[4]

Quando Jesus enfrentou a cruz, ele orou: "*Abba*, Pai, tudo te é possível..." (Mc 14.36). No jardim do Getsêmane, Jesus instruiu os discípulos que orassem para não caírem em tentação: "Chegando ao lugar, ele lhes disse: 'Orem para que vocês não caiam em tentação'" (Lc 22.40).[5] Mas, quando terminou de orar, não os encontrou orando, e sim dormindo (v. 45). O resultado foi terrível e histórico. Antes de a noite terminar, pelo menos um de seus discípulos cedeu à tentação: Pedro. Ao cantar do galo, conforme o próprio Jesus havia predito, Pedro negou ser um discípulo de Cristo, jurando não o conhecer. Em seguida, chorou amargamente por ter cometido aquele terrível erro.

O que o diabo fez com Pedro? Certamente ele usou algumas pessoas, fazendo-as perguntar-lhe se era seguidor de Cristo. Seguir a Cristo, nas circunstâncias em que Pedro estava, era embaraçoso e comprometedor. Jesus estava sendo encaminhado a uma audiência na qual seria julgado e condenado à crucificação. Tudo isso pesou na hora de Pedro declarar-se inocente da acusação de ser um seguidor daquele preso tão especial. Poucas pessoas enfrentariam o problema com firmeza e determinação. Pedro confiou em seu próprio amor pelo Senhor, e o diabo usou essa autoconfiança infundada para derrubá-lo. Pedro se acovardou diante de tantas pessoas hostis a ele, e o diabo tomou proveito disso também.

Ainda hoje isso acontece. Há muitos cristãos que têm vergonha de declarar-se como tais na escola, no trabalho, na vizinhança. Disfarçam a todo custo para não parecerem evangélicos, principalmente quando ocorre algum tipo de escândalo público envolvendo um cristão – eles são os primeiros a evitar os comentários e a disfarçar que não têm nada a ver com o assunto.

Mas Jesus também conhece nossas fraquezas e, por isso, nos instruiu a orar: "Não nos deixe cair em tentação".

Hoje, temos a oportunidade de sermos instruídos, avisados e treinados pela Palavra de Deus e pelo exemplo de outros irmãos. "Essas coisas aconteceram a eles como exemplos e foram escritas como advertência para nós, sobre quem tem chegado o fim dos tempos" (1 Co 10.11). Deus deseja que aprendamos da maneira mais fácil – por meio do que outros já passaram e descobriram – em vez de aprendermos pela disciplina rígida ou experiências pessoais traumatizantes, decorrentes de sucumbirmos às nossas fraquezas, por não permanecermos vigilantes em relação a elas.

Jesus também ensinou os discípulos a orarem pelo livramento do mal. Somos incumbidos pela Palavra de Deus a lutar contra o mal. Especificamente quando, por meio da oração, colocamos a armadura de Deus, estamos colocando um escudo de proteção ao nosso redor e nos mantemos firmes na vitória que Cristo já conseguiu.

Será que o leitor tem usado toda a armadura de Deus? A armadura de Deus é a nossa única defesa contra as astúcias de Satanás. Devemos usar cada peça dessa armadura, como Paulo a descreveu aos efésios (6.14-17), crendo e confessando as promessas de Deus:

> "*Assim, mantenham-se firmes, cingindo-se com o cinto da verdade, vestindo a couraça da justiça e tendo os pés calçados com a prontidão do evangelho da paz. Além disso, usem o escudo da fé, com o qual vocês poderão apagar todas as setas inflamadas do Maligno. Usem o capacete da salvação e a espada do Espírito, que é a palavra de Deus.*"

A cada dia, eu me preparo para enfrentar Satanás cingindo os lombos com a verdade. Eu oro: "Jesus, tu és a minha verdade. Tu és o caminho, a verdade e a vida" (Jo 14.6). Também coloco a couraça da justiça, dizendo: "Jesus, tu carregaste os meus pecados para que eu pudesse ser justificado perante os olhos de Deus" (1 Co 5.21). Eu calço os pés com a preparação do evangelho de paz, declarando: "Jesus, tu és minha preparação, minha prontidão, pois posso todas as coisas por meio da tua força" (Fp 4.13).

Tomo também o escudo da fé, declarando: "Jesus, pelo teu nome eu venço os dardos inflamados do maligno. A vida que agora vivo no corpo, vivo-a pela fé no Filho de Deus, que me amou e se entregou por mim" (Gl 2.20). Eu coloco sobre mim o capacete da salvação, declarando: "Jesus, tu és o autor da eterna salvação para todos aqueles que te obedecem. Tu cobres minha cabeça no dia da batalha" (Hb 5.9; Sl 140.7). Eu tomo a espada do Espírito, que é a palavra de Deus, dizendo: "Jesus, tu és o Verbo que se fez carne e habita no teu povo. Tu és a minha palavra viva" (Jo 1.14).

É desse modo que eu começo o dia, colocando sobre mim toda a armadura de Deus, que é o Senhor Jesus, e me aprontando para combater o bom combate da fé. Mas é importante, uma vez mais, relembrar que isso não é uma fórmula a ser seguida por todos. Estou apenas partilhando como podemos aplicar os princípios espirituais por meio da oração ensinada pelo Senhor. É preciso que cada filho de Deus tenha seu próprio relacionamento com ele, de acordo com a revelação que tem da Palavra de Deus.

Todo esse revestimento é uma proteção espiritual, e ela funciona quando nos conscientizamos de que nossa luta não é contra a carne ou o sangue, ou seja, nossas batalhas não são confrontos físicos com homens, mas contra as atividades do diabo, o qual, muitas vezes, utiliza pessoas para o cumprimento de seus planos malignos. Quando o diabo age sobre uma pessoa sem Deus, ele tem como propósito derrotá-la, mas também usá-la para ferir o povo de Deus. Não se esqueça do que Jesus disse sobre o diabo:

> *O ladrão vem apenas para roubar, matar e destruir.* (Jo 10.10)

Ele quer arrastar pessoas à destruição – e, se puder, certamente o fará. E é assim que o diabo nos atinge: usando aqueles a quem consegue enredar em suas astúcias, a fim de nos ofenderem, magoarem e desanimarem-nos em nossa jornada cristã.

Esteja ciente desta verdade: o campo de batalha é o nosso ser espiritual. Há diferenças entre o que se passa na alma e o que se passa no espírito. Na alma, estão os nossos anseios, desejos e emoções. É a alma que se alegra ou se entristece. Veja os seguintes textos:

> *E aquele dinheiro darás por tudo o que deseja a tua alma.* (Dt 14.26, ARC)
>
> *A minha alma está profundamente triste.* (Mt 26.38)
>
> *Agora a minha alma está perturbada.* (Jo 12.27, ARC)

Vemos por esses versículos que na alma estão os sentimentos humanos. O versículo de Deuteronômio fala de "desejo"; o de Mateus, de "tristeza"; e o de João, de "perturbação", associando todos esses sentimentos à alma.

Já o espírito do homem é que detém a razão, a inteligência, o discernimento e atributos como esses. Vejamos o que a Bíblia diz:

> *Quem não tem o Espírito não aceita as coisas que vêm do Espírito de Deus, pois lhe são loucura; e não é capaz de entendê-las, porque elas são discernidas espiritualmente.* (1 Co 2.14)
>
> *"Pois a palavra de Deus é viva e eficaz, e mais afiada que qualquer espada de dois gumes; ela penetra até o ponto de dividir alma e espírito (...) e julga os pensamentos [espírito] e intenções do coração [alma].* (Hb 4.12, acréscimos meus).

Quando o diabo ataca os filhos de Deus, ele tenta alterar-lhes os desejos, fazendo com que tomem caminhos errados. Nesse caso, ele está agindo sobre a alma humana. Mas, quando o diabo se intromete em determinado assunto, fazendo o homem agir de modo irracional ou corrupto, ele está agindo sobre o espírito do homem.

Parece-nos que esse último tipo de ataque é mais comum. Leia o que o apóstolo Paulo escreveu:

> *As armas com as quais lutamos não são humanas; ao contrário, são poderosas em Deus para destruir fortalezas.* (2 Co 10.4)

Esse texto trata exatamente deste fato: nossa guerra não é física, no campo material, e sim espiritual. E não basta apenas guerrearmos defensivamente – temos de destruir as fortalezas implantadas pelo diabo.

O que são essas fortalezas? São principalmente os conceitos que temos na mente. Posso formar conceitos sobre fatos que conheço ou sobre o que desconheço. Por exemplo: posso imaginar que o frio do

Polo Sul é muito mais severo que o do inverno no Brasil. Mas, como eu nunca estive no Polo Sul, essa ideia é apenas um conceito que tenho sobre o frio no Polo Sul. Algo semelhante acontece com todos os assuntos. Temos fortalezas formadas em nossa mente sobre tudo o que conhecemos ou sobre aquilo que desconhecemos. E existem as fortalezas implantadas por Deus (nossas convicções baseadas em sua Palavra) e também as implantadas pelo diabo. São as fortalezas implantadas pelo diabo que cauterizam a mente do homem sem Deus. E são exatamente elas que devem ser destruídas, conforme lemos na carta de Paulo aos coríntios.

E como destruímos essas fortalezas?

> *Destruímos argumentos e toda pretensão*
> *que se levanta contra o conhecimento de Deus*
> *e levamos cativo todo pensamento, para torná-*
> *-lo obediente a Cristo.* (2 Co 10.5)

Ao nos submeter aos conselhos do Senhor e à sua revelação, forçamos as fortalezas do mal a tombarem diante do poder de Deus. Assim, devemos orar no sentido de que a mente de Cristo esteja em nós. O capacete da salvação (a certeza dos fatos espirituais) é a peça da armadura que protege nossa mente e a guarda dos ataques malignos. Mantendo a mente protegida das mentiras do diabo, damos a Deus caminho para sermos guiados por seu Espírito Santo a não entrar nem cair em tentação. Guiados pelo Espírito Santo, seremos por ele conduzidos ao santo altar de Deus e, em vez de cair, subiremos à presença do Senhor.

Depois de orar desse modo em relação à armadura de Deus, posso orar por minha proteção, bem como pela proteção das pessoas a quem amo. Essa oração é de acordo com o Salmo 91.2,3:

> *Aquele que habita no abrigo do Altíssimo (...) pode dizer ao Senhor: 'Tu és o meu refúgio e a minha fortaleza, o meu Deus, em quem confio'. Ele o livrará do laço do caçador e do veneno mortal.*

O segundo versículo desse Salmo nos dá três razões pelas quais podemos pedir a proteção de Deus. Primeiramente, nós pedimos a proteção divina porque "ele é o meu Deus, o meu refúgio e a minha fortaleza".

Depois, para usufruir da proteção de Deus, devemos fazer dele nossa habitação. O Salmo 22.3 diz: "Tu, porém, és o Santo, és rei, és o louvor de Israel". Quando cantamos louvores ao Senhor, ele está entre nós, entronizado em nossos louvores. Ele habita no meio dos louvores e, desse modo, podemos também habitar nele. Finalmente, nós temos o direito de pedir a proteção divina porque conhecemos e entendemos o poder do nome do Senhor: "Pois que tão encarecidamente me amou, também eu o livrarei; pô-lo-ei num alto retiro, porque conheceu o meu nome" (Sl 91.14).

Nós devemos conhecer seu nome e tudo o que ele significa. Revise o segundo capítulo, sob o tema *Santificado seja o teu nome*, para relembrar as riquezas espirituais dos nomes atribuídos a Deus na Bíblia.

Provérbios nos diz que "o nome do Senhor é uma torre forte". E isso reforça a importância de a oração que o Senhor Jesus nos ensinou começar mencionando o nome do Pai.

No primeiro tópico da oração do Pai-Nosso, aprendemos que o nome de Deus significa não apenas o que ele é, mas também o que ele deseja ser em nossa vida: justiça, santificação, paz, presença, aquele que cura, provedor, bandeira e pastor. Por isso, devemos nos submeter àquilo que ele deseja fazer em nós e reconhecer que seu nome é uma torre forte.

Devemos estar certos de andar, a cada dia, firmados nessas três bases para receber a proteção de Deus. Então, poderemos declarar com fé, vestidos de nossa armadura: "*Tu és o meu refúgio, minha fortaleza, e o Deus em quem confio*".

Exercite agora o que aprendeu. Faça uma oração assim:

"*Senhor, os dias são maus. A tua Palavra adverte que, nos últimos dias, o diabo se apressaria em tentar-nos, pois ele sabe que lhe resta pouco tempo antes de tua vinda para arrebatar a igreja. Por isso, Senhor, peço que tenhas ainda um pouco de misericórdia para comigo, com minha família e com meus parentes e amigos. Peço também, Senhor, que olhes para as pessoas do meu convívio que ainda não são salvas* (mencione agora ao Senhor o nome delas). *Senhor, não me deixes cair em tentação, mas cobre-me com teu sangue. Senhor, manifesta tua proteção, teu refúgio, teu socorro, tua fortaleza e, principalmente, tua salvação eterna sobre mim e sobre essas pessoas. Obrigado, Senhor. Continua a orientar-nos para que nunca venhamos a nos desviar do teu caminho e, assim, nos encontraremos contigo naquele dia e hora. Amém.*"

APLICAÇÃO

1. Tome consciência da graça de Deus e sua aplicação em nossas vidas. A graça cria o ambiente no qual podemos enfrentar o mal, e não nossos próprios recursos humanos.
2. Passe a prestar atenção aos *conceitos* (*fortalezas,* conforme Paulo os chama) e identifique aqueles que são contrários à Palavra de Deus e minam a nossa fé em Jesus Cristo e em sua obra.
3. Aprenda versículos que o auxiliem no combate aos conceitos contrários aos ensinamentos da Palavra de Deus.
4. Quando orar, apele para a armadura de Deus. Peça ao Senhor que o revista espiritualmente, para que sua vida esteja protegida contra os dardos lançados pelo maligno.

---

[1] PEREIRA DA COSTA, Hermisten Maia. *O Pai Nosso*. São Paulo: Editora Cultura Cristã, 2001. p. 62.

[2] BONHOEFFER, Dietrich. *Tentação*. São Leopoldo: Editora Sinodal, 1999. p. 29, 45.

[3] LUNDGAARD, Kris. *O mal que habita em mim*. São Paulo: Editora Cultura Cristã, 2004. p. 114.

[4] STOTT, John R. W. *A mensagem do sermão do monte*. São Paulo: ABU Editora, 1981. p. 155.

[5] O *Novo Testamento Interlinear* traduz: "... e não leves para dentro". Esse é o sentido da oração dominical, e que é reforçado por Jesus, ao dizer: "... para que não entres em tentação". O diabo seduz na tentativa de atrair "para dentro" (*Novo Testamento interlinear. São Paulo: Editora Cultura Cristã, 2004. p. 18).*

Efésios 6.14-17

Assim, mantenham-se firmes, cingindo-se com o cinto da verdade, vestindo a couraça da justiça e tendo os pés calçados com a prontidão do evangelho da paz. Além disso, usem o escudo da fé, com o qual vocês poderão apagar todas as setas inflamadas do Maligno. Usem o capacete da salvação e a espada do Espírito, que é a palavra de Deus.

QUESTÕES PARA REVISÃO

1. Marque com V as alternativas que forem verdadeiras e com F as falsas:

- [ ] Deus coloca seus filhos à prova para certificar-se de que são guerreiros.
- [ ] Satanás usa a Deus quando quer tentar um cristão. Deus sempre autoriza Satanás a tentar seu povo, em qualquer situação.
- [ ] O apóstolo Tiago se referiu a Deus como "o tentador de nossas almas" como uma expressão de carinho e compreensão pela posição de Deus.
- [ ] Se Jesus não disse que o diabo veio para nos tentar, mas apenas para "roubar, matar e destruir", então, não é o diabo quem nos tenta; são os irmãos, os anjos e o próprio Senhor.
- [ ] Ser tentado é ver nossa fraqueza diante de determinada situação.
- [ ] A armadura de Deus para nós é carnal e poderosa em Deus, para destruição das fortalezas.
- [ ] As fortalezas que devem ser destruídas são aqueles conceitos e ideias implantados em nós que não correspondem à verdade de Deus expressa em sua Santa Palavra.
- [ ] O campo de batalha entre o bem o mal e nossos conceitos é nossa própria mente.

2. Explique com suas próprias palavras, qual a diferença entre “ser tentado” e “ser colocado à prova”.

....

....

....

....

3. Para quem Deus mandou construir cidades de refúgio? Como Deus pode ser nosso refúgio?

....

....

....

....

4. Relate abaixo alguma situação em que Deus se manifestou a você como refúgio.

....

....

....

....

5. O texto “Quando alguém for tentado, jamais deverá dizer: ‘Estou sendo tentado por Deus’. Pois Deus não pode ser tentado pelo mal, e a ninguém tenta” é de:

- ☐ Paulo.
- ☐ Tiago.
- ☐ João.
- ☐ Hebreus.

6. Complete os seguintes versículos:

a) *"À mulher ele declarou: (...) seu desejo será para ....".* (Gn 3.16).

b) *"Meus irmãos, tende por motivo de toda a .... o passardes por várias ...."* (Tg 1.2).

c) *"Quando alguém for ...., jamais deverá dizer: 'Estou sendo .... por Deus'. Pois Deus não pode ser .... pelo mal, e a ninguém ...."* (Tg 1.13).

7. Pelos textos "E aquele dinheiro darás por tudo o que deseja a tua alma", "A minha alma está profundamente triste" e "Agora a minha alma está perturbada", entendo que na alma:

☐ residem meus desejos e sentimentos;
☐ estão sentimentos, pensamentos, e tudo o que se passa no espírito;
☐ os versículos nada têm a ver com a questão da alma;
☐ a alma guarda todos os problemas humanos.

8. Paulo afirmou: "Destruímos argumentos e toda pretensão que se levanta contra o conhecimento de Deus e levamos cativo todo pensamento, para torná-lo obediente a Cristo" (2 Co 10.5). Segundo o pensamento de Paulo, as fortalezas significam:

☐ as cidades muradas nos tempos de Josué;
☐ a fortaleza de Massada, destruída por Tito em 70 d.C.
☐ conceitos e ideias sobre determinados assuntos;
☐ versículos da bíblia satânica;
☐ nenhuma das opções está correta.

9. A afirmação "Tu, porém, és o Santo, és rei, és o louvor de Israel" está registrada em:

- [ ] 1 Timóteo 2.3.
- [ ] Salmo 22.3.
- [ ] Salmo 23.3.
- [ ] Provérbios 13.3.

10. No texto para memorizar (Efésios 6.14-17), as peças mencionadas por Paulo são conhecidas como:

- [ ] armas da luz;
- [ ] vestimentas de justiça;
- [ ] armas da nossa guerra;
- [ ] armadura de Deus;
- [ ] nenhuma alternativa está correta.

7

"PORQUE TEU É O REINO"

Como não poderia deixar de ser, o final dessa majestosa oração é em grande estilo. A expressão final é de vitória, de triunfo, declarando a majestade, o poderio e a glória do Deus eterno. Ela traz o reconhecimento final de que o centro do universo ainda é, e sempre será, o Deus que habita os céus, aquele que mora acima das estrelas.

Em nosso meio, não faltam indivíduos que pensam ser o centro do universo. Egoísmo, autossuficiência e orgulho são as características predominantes na personalidade dessas pessoas. Elas ignoram a fragilidade do ser humano, mesmo dos mais celebrados e importantes. Imagine que, se por um momento apenas, uma pequena veia sanguínea no cérebro de uma pessoa qualquer sofresse algum tipo de obstrução e ficasse impedida de circular o sangue – essa pessoa certamente morreria em poucos minutos, e toda a sua história, autossuficiência, *glamour* e egoísmo teriam fim, restando apenas as memórias do que fez, se estas forem boas de se recordar.

Mas não é assim com a vida e a história de nosso Pai celestial. Nada pode detê-lo nem mesmo impedir seus planos. Deus é Espírito e, como tal, não sofre os mesmos problemas que nós nem tem as mesmas limitações humanas. Deus é luz e, por isso, atrai-nos para si. Ele é luz inacessível, ou seja, podemos nos voltar para ele, mas não atingi-lo de forma a prejudicar ou mesmo alterar seus planos e propósitos. Em suma, ele é imensamente maravilhoso e, ao mesmo tempo, nosso Pai, a quem podemos nos chegar sem medo.

Por isso, a afirmação da última frase dessa oração é bastante enfática. Nela, Jesus declara a soberania de Deus. E como podemos definir "soberania"? Alguém é *soberano* quando tudo o que deseja e faz não depende de aprovação ou sequer de ajuda "de terceiros". Em todo o universo, isso se aplica exclusivamente a Deus. Somente ele pode fazer tudo o que desejar e estabelecer, como, quando, onde e por que quiser. Ele é absolutamente soberano e sua vontade não pode ser impedida de modo algum.

É sua soberania que declaramos ao orar: "Pois teu é o reino, o poder e a glória para sempre". A soberania de Deus é expressa quando afirmamos que o reino é dele. Mas de que reino estamos falando?

Deus é Rei no seu reino celestial, que se estende a todo o universo, a todas as dimensões possíveis e imagináveis. Ele domina e reina em uma esfera a qual não vemos, a esfera espiritual. Nesse mundo espiritual, habitam legiões, exércitos de soldados, agentes que atuam sobre nosso reino material.

Deus possui exércitos de anjos que ministram em nosso favor: "Os anjos não são, todos eles, espíritos ministradores enviados para servir aqueles que hão de herdar a salvação?" (Hb 1.14). Quando ele criou os céus e a terra, já havia criado seus anjos: "Onde você estava (...) enquanto as estrelas matutinas juntas cantavam?" (Jó 38.4,7). Nesse texto, as "estrelas matutinas" a quem Deus se refere em sua resposta a Jó são os anjos. Deus pergunta onde Jó estava quando os anjos já louvavam o Criador por seu reinado, poderio e glória.

Desde que foram criados, os anjos de Deus dedicam-se à adoração exclusiva a ele: "E clamavam uns para os outros, dizendo: Santo, santo, santo é o Senhor dos Exércitos; toda a terra está cheia da sua glória" (Is 6.3).

Além dos exércitos que prestam serviço ao Rei do universo, servindo-o para o bem, existem outros exércitos, infelizmente. Satanás, o arqui-inimigo de Deus, também reina. Evidentemente, seu reinado é menor e mais fraco que o do Senhor. Mesmo assim, o maligno possui súditos que também lhe prestam honra e obediência, e causam muitos estragos na humanidade e entre o povo de Deus. Esses soldados são agentes perversos que atuam sobre as pessoas, seduzindo-as para que caiam nas armadilhas satânicas planejadas pelo rei do mal. Vimos isso no capítulo anterior.

Mas, mesmo que os exércitos do mal não obedeçam diretamente às ordens expressas de Deus, estão sujeitos a ele. Deus é Todo-poderoso e o governador soberano sobre todo o universo; por isso, ele pode permitir ou não que o diabo exerça determinado poder sobre os homens. Ao diabo e seus exércitos é dada *permissão* por Deus para que venham tentar alguns de seus filhos. Foi o que ocorreu com Jó.

A Bíblia registra que Jó, da terra de Uz, era rico e poderoso; ele possuía bens, empregados e uma família numerosa. Mas Satanás desafiou Deus para que permitisse a tentação de Jó, a fim de mostrar ao Todo-poderoso que seu servo não era tão fiel assim. Segundo pensava Satanás, a fidelidade de Jó estava baseada na prosperidade que lhe era proporcionada por Deus. Sendo Deus onisciente, sabedor de todas as coisas e, consequentemente, conhecedor da fidelidade do homem de Uz, permitiu a Satanás executar seu plano.

Jó foi tentado em todas as áreas de sua vida. Na área financeira, perdeu tudo o que possuía: bens, gado, propriedades. Na área social, também: seus amigos, empregados e até mesmo os parentes mais próximos se afastaram dele. Na área familiar, Satanás também tocou – os dez filhos de Jó foram mortos por intervenção maligna. Outra área em que Satanás se manifestou foi no casamento de Jó. Ele seduziu a esposa do servo de Deus para que desacreditasse da proteção divina, a ponto de aconselhar

Jó a desistir da sua fidelidade a Deus. Ela sugeriu ao marido: "Você ainda mantém a sua integridade? Amaldiçoe a Deus, e morra!" (Jó 2.9).

Mesmo sob tamanha provação, Jó mantinha sua devoção exclusiva àquele que o havia criado e sua comunhão com ele. Dessa forma, por ver que não obtivera êxito em seus intentos, Satanás partiu para o ataque final, fazendo com que Jó duvidasse da presença e da realidade de Deus em sua vida. Aquele homem começou, então, a levantar questões a Deus, que, por sua vez, permaneceu calado durante o tempo em que Jó fazia suas lamentações. O sofrido homem não se precipitou; aguardou pacientemente até que Deus lhe respondeu a todas as perguntas feitas e mostrou-lhe seu imenso poder manifestado na criação dos animais, dos homens, da terra e, por fim, do universo. Finalmente, quando considerou suficientes as provações a que Satanás submeteu Jó, Deus pôs um basta àquele sofrimento todo e iniciou uma nova etapa de relacionamento com seu servo.

Uma das maiores evidências de que o poder de Deus é absoluto e que ele é o soberano está no último capítulo do livro de Jó. Ali lemos que Deus restituiu a seu servo o dobro dos bens que possuía antes de Satanás infiltrar-se em sua vida. Dessa forma, Deus mostrou que, além de dominar sobre seus próprios exércitos, ainda tem autoridade para controlar e limitar a ação dos exércitos satânicos, impedindo-os de fazer aquilo que bem entenderem contra nós. "Teu [ó Deus] é o reino, e o poder!"

Temos em Deus extrema segurança. Ele proporciona tranquilidade aos seus filhos, pois tem todo o poder e reina sobre todas as instâncias. Ele pode nos guardar em segurança. Quando servimos a esse rei, somos protegidos e sustentados por ele e ele nos faz prosperar. Ele é também um rei guerreiro. Além de dominar, guerreia em favor de seus filhos.

O Salmo 46 afirma também: "Deus é o nosso refúgio e fortaleza; socorro bem presente na angústia" (Sl 46.1, ARC). A ideia que se tinha no Antigo Testamento sobre refúgio vinha das cidades de refúgio. Quando

Josué estava conquistando a Terra Prometida, pouco antes de atravessar o rio Jordão, Deus recomendou-lhe que separasse algumas cidades em especial para seu povo. Essas cidades tinham algumas funções específicas. Uma delas era que, se alguém cometesse algum crime involuntariamente, e os parentes da vítima quisessem se vingar, o criminoso involuntário poderia esconder-se numa dessas cidades de refúgio. Enquanto ele estivesse naquela cidade, nada poderia acontecer-lhe de mal, pois estava protegido.

O autor do Salmo 46, por sua vez, já tinha uma visão mais espiritual da proteção divina. Como servo do Senhor, ele não se via protegido apenas por muralhas de uma cidade, mas era ciente de que a maior e mais importante proteção vinha do seu Senhor. Por isso, ele afirmou que Deus é o refúgio em quem poderia depositar sua inteira confiança. Quando escreveu isso, o salmista provavelmente tinha em mente o refúgio que as cidades proporcionavam aos seus refugiados. Então, expressou que a proteção que tinha era maior do que a do mais protegido refugiado, pois ele era protegido por Deus – o próprio Deus era seu refúgio. Se Deus detém todo reinado e poder, também é poderoso para proporcionar refúgio a que o procura buscando por isso.

Deus também é "socorro bem presente na angústia". Quando leio essas palavras, só consigo imaginar alguém em profunda preocupação. Não consigo imaginar algo diferente de alguém que esteja em uma situação de extremo sofrimento. O termo *socorro* deixa claro que alguém está precisando de auxílio urgente, de amparo. Pedimos socorro somente quando a situação esgota nossos recursos e nos vemos prestes a sucumbir aos problemas. Socorro é um clamor, um pedido por reforço.

Já a palavra *angústia* dá a entender que a situação é delicada. "Angústia" é a condição de alguém que está mais do que triste; está abatido, está derrotado, está angustiado. Mas o mesmo salmista que buscou o refúgio declara saber que o socorro de Deus, além de protegê-lo num abrigo seguro, surge também nos momentos de extrema angústia. Deus está presente, mesmo que estejamos angustiados e abatidos. Ele não é um Deus de quem nos lembramos apenas para festejar, nos momentos de vitória; ele passa as dificuldades ao nosso lado e nos consola, nos abriga, nos conduz, até que cheguemos à normalidade.

Não podemos desprezar um Deus assim. Tão poderoso, detentor de todo o reino, todo o poder e toda a glória, e que ainda se preocupa com o menor e mais pecador ser humano. Ele é digno de toda adoração e de todo o nosso amor!

"Porque teu é o reino, o poder e a glória para sempre." Quando examinamos a oração do Pai-Nosso cuidadosamente, descobrimos que ela começa e termina com louvor. É importante termos claro em nossa mente o fato de que o louvor é o mandamento mais dinâmico existente na palavra de Deus.

No Antigo Testamento, sete níveis de louvor foram representados por sete palavras hebraicas diferentes. *Todah*, a primeira palavra, significa "estender as mãos em ação de graças". É um ato comum ainda hoje. Em nossos cultos, na maioria das vezes, durante o louvor, levantamos as mãos em sinal de adoração a Deus. O sentimento, nesse momento, não é de levantar as mãos como quem busca alcançar alguma coisa, e sim como sinal de rendição a Deus.

"Quando oramos, estamos admitindo que não sabemos o que Deus vai fazer, mas, ao mesmo tempo, lembrando-nos de que nunca o descobriremos se não nos expusermos a riscos."[1]

Yadah, a segunda palavra, significa "louvar com as mãos estendidas, jogar as mãos para o alto, alegrando-se no Senhor". Em igrejas mais avivadas, os hinos e corinhos também parecem ser mais alegres. Em alguns casos, os irmãos criam coreografias. Por exemplo, quando cantamos: *"E, com as mãos, adoramos a Deus"*, todos levantam as mãos; ao cantarmos *"Vem com Josué lutar em Jericó"*, costuma-se imitar um soldado empunhando sua arma; *"E as muralhas ruirão"*, gesticula-se com as mãos imitando uma muralha caindo. *Yadah* refere-se ao louvor com essas características.

Hallal significa "estar vigorosamente empolgado, louvar, vibrar e celebrar". O louvor mais fervoroso, aquele que fazemos quando estamos em triunfo, vitoriosos, pode ser entendido como o louvor *hallal*. *Zamar*, outro nível do louvor encontrado no Antigo Testamento, significa "dedilhar um instrumento e louvar com cânticos". Davi foi um mestre nesse tipo de louvor. Músico, poeta e compositor, ele foi um dos grandes destaques do louvor *zamar* no período bíblico do Antigo Testamento.

Barak significa "abençoar, declarar que Deus é a origem do poder para obter o sucesso, a prosperidade e a fertilidade". No hinário *Harpa Cristã* ou no *Cantor Cristão*, entre outros hinários, encontramos um índice com a relação dos hinos separados por assuntos. Dentre eles, vemos uma seção de hinos de adoração e louvor a Deus por seus atributos e pelas bênçãos que nos dá. Esse é o louvor *barak*. Outro exemplo desse tipo de louvor é um corinho que cantamos, que diz assim:

Não vou calar meus lábios,
Vou profetizar,
Manifestar a graça,
Abençoar o que Deus quer libertar.

Sobre tua vida vou profetizar:
Nenhuma maldição
Te alcançará.
Sei que Deus tem pra ti um manancial
Cujas águas nunca faltarão.

Tehillah é a palavra para "cantar no espírito" ou "cantar salmos". Intimamente, quando estamos sós, praticamos esse tipo de louvor. *Shabach*, a última palavra para designar os níveis (ou modalidades) de louvor no Antigo Testamento, significa "elogiar, louvar em voz alta e gritar". Os brados de vitória dados pelos hebreus na derrubada das muralhas de Jericó são um bom exemplo desse tipo de louvor.

Obviamente, a palavra "louvor" que usamos não se originou recentemente. O louvor sempre foi uma marca do povo de Deus. E existem várias maneiras de expressar nosso amor, gratidão e adoração ao Senhor. Vemos, por exemplo, em Ezequiel 28.13 que Deus, ao criar o querubim Lúcifer, bem antes da criação do homem, também criou "tambores". Certamente é uma referência (ainda que alegórica) a algum tipo de louvor existente diante do trono de Deus.

Jesus nos orientou a louvar após fazermos nossas petições ao Pai. Mas há um significado especial nas palavras usadas por Jesus: "Porque teu é o reino, o poder e a glória para sempre". Elas são uma expressão de louvor, não apenas uma oração ou parte da oração dominical. Jesus também disse: "Não tenham medo, pequeno rebanho, pois foi do agrado do Pai dar-lhes o Reino" (Lc 12.32). Aquele de quem é o reino agradou-se de dá-lo ao seu "pequeno rebanho". Isso é motivo para muito louvor!

Paulo, quando escreveu aos colossenses (1.13,14), disse que Deus, nosso Pai, nos livrou do poder da escuridão e nos trouxe ao reino de seu Filho, Jesus. Quando oramos "porque teu é o reino", devemos louvar a Deus porque ele nos convidou a sermos participantes de seu reino e nos trouxe para o reino da sua maravilhosa luz, a luz da salvação, que poucos conseguem enxergar. Por isso, podemos declarar: "O Senhor me livrará de toda obra maligna e me levará a salvo para o seu Reino celestial" (2 Tm 4.18).

O Senhor também nos fez participantes de seu poder, porque o poder a ele pertence. Ele dá poder ao fraco. Veja o que escreveu Isaías: "Ele fortalece o cansado e dá grande vigor ao que está sem forças" (40.29). Ele também nos dá poder para adquirir riquezas: "Mas, lembrem-se do Senhor, o seu Deus, pois é ele que lhes dá a capacidade de produzir riqueza, confirmando a aliança que jurou aos seus antepassados, conforme hoje se vê" (Dt 8.18).

Veja ainda outros grandes benefícios a que temos direito por meio do poder de Deus. Nós somos guardados por esse poder: "(...) que, mediante a fé, são protegidos pelo poder de Deus até chegar a salvação prestes a ser revelada no último tempo" (1 Pe 1.5). Ele nos levantará por seu grande poder: "Por seu poder, Deus ressuscitou o Senhor e também nos ressuscitará" (1 Co 6.14). Jesus prometeu: "Eu lhes dei autoridade [poder] para pisarem sobre cobras e escorpiões, e sobre todo o poder do inimigo; nada lhes fará dano" (Lc 10.19). Ele também disse que teremos poder para testemunhar: "Mas receberão poder quando o Espírito Santo descer sobre vocês e serão minhas testemunhas" (At 1.8). Que generosas manifestações do poder de Deus a favor de seu povo!

Devemos louvar a Deus pela oportunidade de sermos participantes de seu poder. É um imenso privilégio poder participar dessa grande bênção.

Jesus também nos ensinou a orar: "Porque tua é a glória". A glória de Deus é a perfeição manifesta de seu caráter, especialmente de sua justiça.

Todos os homens pecaram, mas Jesus, por meio de sua morte pelos pecados da humanidade, trouxe muitos filhos à glória:

> *Vemos, todavia, aquele que por um pouco foi feito menor do que os anjos, Jesus, coroado de honra e de glória por ter sofrido a morte, para que, pela graça de Deus, em favor de todos, experimentasse a morte. Ao levar muitos filhos à glória, convinha que Deus, por causa de quem e por meio de quem tudo existe, tornasse perfeito, mediante o sofrimento, o autor da salvação deles.* (Hb 2.9,10; Rm 3.23)

Quando os cristãos experimentam a glória, o caráter e o modo de Deus agir, que são exibidos por Cristo, são transformados à sua imagem. O caráter e a imagem do Filho são formados em seu interior (2 Co 3.18). É por isso que Paulo recomenda que "vocês vivam de maneira digna de Deus, que os chamou para o seu Reino e glória" (1 Ts 2.12). Assim, devemos louvar a Deus por ele nos ter trazido para o seu Reino e permitir participarmos da sua glória.

O reino, o poder e a glória pertencem ao nosso Pai. São seus, mas ele os compartilha conosco, por causa da provisão de seu Filho Jesus. O sangue de Jesus possibilita-nos acesso a todas as bênçãos. Que nunca entremos ou saiamos de sua presença sem humildemente nos prostrar perante ele e oferecer um sacrifício de louvor e ação de graças.

Afinal, quando decidimos servir ao Senhor, sabíamos do dever de aceitar que sua perfeição e vontade é que iriam nos conduzir. Obedecer-lhe é fundamental, ainda mais porque Deus detém todo o reino, todo o poder e toda a glória. A ele, então, sejam prestadas todas as honras para sempre.

Salmo 28.7

O Senhor é a minha força e o meu escudo; nele o meu coração confia, e dele recebo ajuda. Meu coração exulta de alegria, e com o meu cântico lhe darei graças.

APLICAÇÃO

1. Localize, em sua Bíblia, textos que confirmem a soberania de Deus, o seu poder ilimitado. Encontre ao menos três textos com essa ênfase.
2. Estude as circunstâncias em que esses textos estão inseridos.
3. Procure lições práticas e aplicação desses textos para a sua vida hoje.
4. Procure explorar os diferentes tipos de louvor a Deus, conforme estudado neste capítulo, e descubra de que forma sua igreja ou grupo de louvor pode variar cânticos para que as diversas formas apresentadas neste capítulo possam ser aplicadas durante o culto.

---

1 NOWEN, Henri. *Transforma meu pranto em dança.* Rio de Janeiro: Ed. Textus, 2002. p. 34.

QUESTÕES PARA REVISÃO

1. Qual o mais dinâmico mandamento da Palavra de Deus?

- [ ] As ações de graça.
- [ ] A leitura da Bíblia.
- [ ] O louvor.
- [ ] O dízimo.

2. Que atributo de Deus é evidenciado quando oro: "Pois teu é o reino, o poder e a glória para sempre"?

....

....

....

....

3. A quem o escritor aos hebreus está se referindo no seguinte versículo: "Os anjos não são, todos eles, espíritos ministradores enviados para servir aqueles que hão de herdar a salvação?" (Hb 1.14)?

- [ ] Aos demônios.
- [ ] Aos anjos.
- [ ] Aos espíritos desencarnados.
- [ ] Aos pastores e profetas.

4. Em qual livro do Antigo Testamento lemos que os anjos clamavam uns aos outros, dizendo: "Santo, Santo, Santo é o Senhor dos Exércitos"?

☐ Isaías (6.3).
☐ Malaquias (6.3).
☐ Malaquias (3.10).
☐ Ezequiel (14.28).

5. O Pai-Nosso se inicia e se encerra com...

....

6. Associe a primeira coluna contendo o tipo de louvor com a descrição correspondente na segunda coluna:

a) *Todah*	☐ dedilhar um instrumento e louvar com cânticos.
b) *Yadah*	☐ abençoar, declarar que Deus é a origem do poder para obter o sucesso, a prosperidade e a fertilidade.
c) *Hallal*	☐ louvar com as mãos estendidas, jogar as mãos para o alto, alegrando-se no Senhor.
d) *Zamar*	☐ elogiar, louvar em voz alta e gritar.
e) *Barak*	☐ estender as mãos em ação de graças.
f) *Tehillah*	☐ cantar no espírito ou cantar salmos.
g) *Shabach*	☐ estar vigorosamente empolgado, louvar, vibrar e celebrar.

7. O autor do Salmo 46, ao afirmar que Deus é o nosso refúgio, demonstra que...

....

....

....

8. Segundo o texto, por que o Senhor também nos fez participantes de seu poder?

....

....

....

9. Associe a primeira coluna com a segunda:

a) Somos guardados por seu poder:	☐ "*... o Espírito Santo descer sobre vocês, e serão minhas testemunhas*" (At 1.8).
b) Ele nos levantará por seu grande poder:	☐ "*Eu lhes dei autoridade para pisarem sobre cobras e escorpiões e nada lhes fará dano*" (Lc 10.19).
c) Jesus prometeu:	☐ "*(...) que, mediante a fé, são protegidos pelo poder de Deus*" (1 Pe 1.5).
d) Jesus disse: "*Mas receberão poder quando...*"	☐ "*Por seu poder, Deus ressuscitou o Senhor e também nos ressuscitará*" (1 Co 6.14).

10. O que você entendeu por "glória de Deus"?

....

....

....

8

CHEGANDO AO DELEITE

Ao aplicar a estrutura da oração ensinada por Jesus à nossa oração, passando por esses tópicos do Pai-Nosso, facilmente iremos nos encontrar na presença do Senhor por um período de tempo mais longo do que antes. Nosso período de oração será transformado de desejo em disciplina e, depois, em deleite, que certamente é o grande propósito de toda e qualquer oração: estar na presença do Eterno com grande alegria.

É Deus quem nos dá o desejo de orar. O Salmo 65.4 diz:

> *Como são felizes aqueles que escolhes e trazes a ti, para viverem nos teus átrios.*

Um desejo santo emana de dentro de nós e nos faz dizer: "Eu quero te conhecer, Senhor, mais do que a qualquer coisa neste mundo. Vou disciplinar minha carne. Vou acordar mais cedo pela manhã e dobrar meus joelhos perante ti".

Algumas pessoas me dizem: "Isso tudo soa muito bem, mas eu não tenho tempo para gastar em oração". Todos podem separar uma hora para a oração. O que precisamos é reorganizar nossas prioridades e encontrar um período para passar com o Senhor. Se uma pessoa não é suficientemente disciplinada para passar uma hora em oração, ela deve fazer o possível para passar o maior tempo que puder, mesmo em diferentes horários, até chegar a completar o total de tempo na presença do Senhor que satisfaça a sede que sua alma tem do Salvador. Essa pessoa deve pedir a Deus que faça da oração a prioridade principal de sua vida.

Algo sobrenatural acontece quando passamos um bom tempo na presença do Senhor todos os dias. Os propósitos da vida se transformam quando traçamos, mantemos nossas prioridades e oramos por elas. Descobrimos novas dimensões de louvor quando fazemos declarações poderosas baseadas nos nomes do Senhor e nas suas promessas. Experimentamos a provisão abundante de Deus quando oramos dia após dia. Desfrutamos de uma nova liberdade espiritual e vitória quando fazemos o propósito de estender o amor e o perdão àqueles que nos machucam. Também experimentamos a proteção divina quando colocamos a armadura de Deus e oramos por uma cobertura de proteção para nós e para aqueles a quem amamos.

Desse modo, a oração não será mais um trabalho enfadonho ou um ritual cansativo. Ao contrário, será um encontro dinâmico e agradável com o Deus vivo.

Deixe-me encorajá-lo a começar a cumprir hoje o profundo desejo do Espírito Santo de que você tenha uma vida consistente de oração. Comece agora a aplicar essa dinâmica espiritual de oração, e você ficará impressionado com o aumento espantoso na efetividade do seu ministério de oração e do aprofundamento do seu relacionamento com Deus. Esse é o maior benefício que você obterá.

CONCLUSÃO

Certamente as palavras de Paulo sobre oração intercessória nos fornecem uma base segura para nos sentirmos motivados à intercessão. Ao citar algumas classes de pessoas, Paulo transmite uma visão abrangente e superficial para que façamos nossas orações.

No entanto, não podemos nos esquecer de orar por outros grupos de pessoas igualmente necessitadas. Contextualizando o assunto, devemos nos recordar de orar pelos que sofrem com vícios (alcoolismo, dependência química, remédios etc.); precisamos orar pelos meninos de rua e pelos desabrigados; pelos desempregados; pelas pessoas que estão se prostituindo; pelos idosos nos asilos; pelas crianças nas creches; pelas pessoas que trabalham em missões; pelos irmãos que evangelizam nos hospitais e nos presídios; pelas pessoas que levam alimentos aos que não têm o que comer (para que tenham recursos e possam continuar nesse trabalho ou para que os necessitados consigam trabalho para sobreviver por conta própria); pelas pessoas que estão envolvidas com religiões que não levam ao Pai; pelos lares que estão sendo destruídos pela ação maligna; pela melhoria nas condições sociais, políticas e financeiras em nosso país; pelas nações idólatras e países que estão em guerra.

A lista poderia estender-se, mas creio que o leitor entendeu que não há limites na oração intercessória. É preciso começar a interceder e, à medida que começarmos, o Espírito Santo irá, certamente, nos guiar pelos motivos que ele conhece e pelos quais sabe que há necessidade e urgência de oração.

Que o Criador oriente você e coloque em seu coração um desejo ardente de interceder, de tornar-se um fervoroso intercessor.

> *Depois que Jó orou por seus amigos, o Senhor o tornou novamente próspero e lhe deu em dobro tudo o que tinha antes.* (Jó 42.10)

[1] DAVIDSON, F. *O novo comentário da Bíblia*. São Paulo: Edições Vida Nova, 1963. p. 1316.

RESPOSTAS
ÀS QUESTÕES PARA REVISÃO

CAPÍTULO 1

1. ☑ humildade.

2. É o fundamento das coisas que espero e a prova daquilo que não vejo (Hb 11.1).

3. ☑ Para que todos cheguem ao arrependimento.

4. Onipotência;
onisciência;
onipresença;
soberania.

5. Resposta pessoal.

6. ☑ Jeremias.

7. a) prosperidade e segurança;
b) servos, servo e amigos.

8. F, V, F, F, F.

9. Resposta pessoal.

10. ☑ Ela deve ser feita segundo meus planos e apresentada ao Senhor em espírito humilde.

CAPÍTULO 2

1. Sermão da Montanha.

2. ☑ Lucas 6.17-49.

3. ☑ O Deus desconhecido.

4. ☑ Ao Pai.

5. ☑ 1 Timóteo 2.5.

6. ☑ não sejamos como os hipócritas.

7. a) perdoar nossos pecados e de toda a injustiça;
   b) clamem, os responderei e ouvirei;
   c) deu o seu Filho.

8. h-g-d-a-c-b-e-f

9. ☑ promessas aos crentes.

10. Maravilhoso Conselheiro, Deus Poderoso, Pai Eterno e Príncipe da Paz.
    Conselheiro e Espírito de Verdade.

CAPÍTULO 3

1. em mim;
   no cônjuge e na família;
   na igreja;
   na nação.

2. ☑ boa, agradável e perfeita.

3. ☑ eficaz.

4. ☑ a verdade e a vida.

5. ☑ política.

6. ☑ na educação.

7. ☑ Orar.

8. ☑ os judeus.

9. ☑ nenhuma das respostas está correta.

10. ☑ Paulo.

CAPÍTULO 4

1. ☑ a segunda parte.

2. ☑ Das necessidades básicas da vida.

3. ☑ Pedirmos para gastar nos prazeres.

4. Entender a vontade de Deus.
   Crer que a vontade de Deus é de que seus filhos prosperem.
   Ser específico.
   Ser tenaz, constante e corajoso.

5. ☑ Malaquias.

6. ☑ era o mesmo que roubar a Deus.

7. a) muito falarem;
   b) apresentem e Deus.

8. ☑ Filipenses 4.6.

9. ☑ no primeiro dia.

10. Resposta pessoal.

CAPÍTULO 5

1. V, F, V, V, F, F, F, F, F

2. Resposta pessoal.

3. Resposta pessoal.

4. Resposta pessoal.

5. Resposta pessoal.

6. ☑ pecados cometidos contra Deus e o próximo.

7. a) comete pecado;
b) ofensas, perdoarem, perdoará e suas ofensas;
c) luz, luz e pecado.

8. Resposta pessoal.

9. e-c-d-a-b

10. ☑ estar convictos de que vamos perdoar aqueles que pecaram contra nós.

CAPÍTULO 6

1. F, F, F, F, V, F, V, V

2. Resposta pessoal.

3. Resposta pessoal.

4. Resposta pessoal.

5. ☑ Tiago.

6. a) o seu marido;
b) alegria e tentações;
c) tentado, tentado e tenta.

7. ☑ residem meus desejos e sentimentos.

8. ☑ conceitos e ideias sobre determinados assuntos.

9. ☑ Salmo 22.3.

10. ☑ armadura de Deus.

CAPÍTULO 7

1. ☑ O louvor.

2. A soberania.

3. ☑ Aos anjos.

4. ☑ Isaías (6.3).

5. ☑ Expressões de louvor a Deus.

6. d-e-b-g-a-f-c

7. Resposta pessoal.

8. Porque o poder a ele pertence.

9. d-b-a-c

10. A glória de Deus é a perfeição manifesta de seu caráter, especialmente de sua justiça.

REFERÊNCIAS

AGOSTINHO. *Confissões*. São Paulo: Nova Cultural, 1996.

BONHOEFFER, Dietrich. *Tentação*. São Leopoldo: Editora Sinodal, 1999.

BORNKAMM, Günther. *Jesus de Nazaré*. São Paulo: Editora Teológica, 2005.

BULTMANN, Rudolf. *Jesus*. São Paulo: Editora Teológica, 2005.

DAVIDSON, F. *O novo comentário da Bíblia*. São Paulo: Edições Vida Nova, 1963.

DUEWEL, Wesley L. *Toque o mundo através da oração*. São Paulo: Editora Candeia, 1996.

FELTON, Jack; ARTERBURN, Stephen. *Mais Jesus, menos religião*. São Paulo: Editora Mundo Cristão, 2002.

FOSTER, Richard J. *Oração, o refúgio da alma*. Campinas: Editora Cristã Unida, 1996.

KENNEDY, D. James; NEWCOMBE, Jerry. *E se Jesus não tivesse nascido*. São Paulo: Ed. Vida, 2001.

LUNDGAARD, Kris. *O mal que habita em mim*. São Paulo: Editora Cultura Cristã, 2004.

NOWEN, Henri. *Transforma meu pranto em dança*. Rio de Janeiro: Ed. Textus, 2002.

PAGANELLI, Magno. *Oração intercessória*. São Paulo: Editora Bompastor, 2005.

PENTECOST, Dwight J. *O sermão da montanha*. São Paulo: Editora Vida, 1984.

PEREIRA DA COSTA, Hermisten Maia. *O Pai Nosso*. São Paulo: Editora Cultura Cristã, 2001.

RICHARDSON, Don. *O fator Melquisedeque*. São Paulo: Edições Vida Nova, 1986.

RIDDERBOS, Herman. *A teologia do apóstolo Paulo*. São Paulo: Editora Cultura Cristã, 2004.

ROHDEN, Huberto. *A metafísica do Cristianismo*. São Paulo: União Cultural Editora, s/d.

ROHDEN, Huberto. *O sermão da montanha*. São Paulo: Martin-Claret, s/d.

RYLE, J. C. *Meditações no Evangelho de Mateus*. São Paulo: Editora Fiel, 1991.

STOTT, John R. W. *A mensagem do sermão do monte*. São Paulo: ABU Editora, 1981.

Referências

APÊNDICE

A ORAÇÃO DE INTERCESSÃO E SUAS APLICAÇÕES

INTRODUÇÃO

A oração, como temos visto neste texto, representa mais que um período de tempo gasto na presença de Deus. Ela envolve, antes, uma completa reflexão sobre o estado com Deus, o relacionamento com ele, o modo como o vemos e nos dirigimos a ele, além das implicações dos seus atributos, do seu reino e da expansão desse reino entre nós.

No que diz respeito a quem ora, ao elemento humano e seus interesses na oração, há aplicações que se voltam para as necessidades básicas, o âmbito das relações interpessoais e o ambiente espiritual, a partir do próprio coração do homem.

Essa oração estudada até aqui, a oração dominical, ou o Pai-Nosso (ou, ainda, a Oração de Nosso Senhor, como a chamam alguns), foi apresentada pelo próprio Senhor. Certamente isso confere às palavras dele, não diria credibilidade, mas segurança que dispensa comentário. No entanto, as Escrituras não só registram outras orações feitas por diversas pessoas, como apelam para a necessidade de fazê-las constantemente.

Assim, creio que apresentar um comentário, ainda que breve, sobre o assunto será de muito proveito para o leitor, que até aqui se mostrou interessado no estudo e aplicação daquilo que a Bíblia ensina a todos.

Quero ater-me especificamente à oração de intercessão, aquela que fazemos em favor de outras pessoas e suas necessidades.

Livros e mais livros têm sido escritos sobre esse tema, que interessa a muitos de nós. Na verdade, creio que deveria interessar a *todos* nós. E deve realmente provocar-nos o interesse, pois a oração traz em si um elemento indicador de *saúde espiritual*.

Orar não é rezar. Quando oro, digo coisas espontaneamente, segundo minhas necessidades ou segundo a necessidade de outros. Por isso, oro quando digo naturalmente coisas que me vêm à mente, e as digo ao Pai, como Jesus ensinou.

Diferente de oração é a reza, que é a repetição de uma oração feita ou criada por alguém, oração essa que se convencionou repetir. Mas Jesus não aprova esse tipo de oração, de repetição de palavras ditas por outros.

> *E, quando vocês orarem, não sejam como os hipócritas. Eles gostam de ficar orando em pé nas sinagogas e nas esquinas, a fim de serem vistos pelos outros. Eu lhes asseguro que eles já receberam sua plena recompensa. Mas, quando você orar, vá para seu quarto, feche a porta e ore a seu Pai, que está em secreto. Então seu Pai, que vê em secreto, o recompensará. E, quando orarem,* ***não fiquem sempre repetindo a mesma coisa****, como fazem os pagãos. Eles pensam que, por muito falarem, serão ouvidos. Não sejam iguais a eles, porque o seu Pai sabe do que vocês precisam, antes mesmo de o pedirem.* (Mt 6.5-8; grifo meu)

Jesus foi bem claro quando traçou essas diretrizes, esses objetivos durante a prática da oração. Observe os pontos indicados por Jesus como elementos negativos durante a oração:

- *Não sejam como os hipócritas.* Não faça sua oração para ser visto por outras pessoas. Ore com discrição, pois é o Deus Pai quem irá atender suas petições, e não as pessoas que o ouvem e o veem. E "hipocrisia" é a palavra que Jesus usou para caracterizar essa exibição. No grego clássico, *hupokritḗs* era, primeiro, um orador e, então, *um ator* [que] a transforma em algo diferente daquilo que é na realidade, isto é, numa peça faz-de-conta, numa exibição teatral diante de um auditório. E tudo é feito para receber aplausos (Stott, 1981:131; grifo meu). Não "represente" uma vida de oração ou de intimidade com Deus. *Tenha* realmente esse relacionamento com ele.
- *Quando você orar, vá para seu quarto, feche a porta.* O quarto com a porta fechada remete-nos à intimidade. É disso que Jesus está falando: o Pai quer estabelecer relacionamentos íntimos com seus filhos.
- *Não fiquem sempre repetindo a mesma coisa.* Jesus condena os pagãos, dizendo que a repetição de orações é a prática deles. Há algumas versões da Bíblia que dizem *"vãs repetições"*, indicando que realmente são vazias, não dizem nada. Certamente muitas pessoas que rezam nem ao menos meditam naquilo que estão dizendo. Jesus acrescenta: *Eles pensam que, por muito falarem, serão ouvidos.* Stott chama a atenção para o fato de a palavra, no original grego, ser *battalogeō*, "tagarelar" ou "gaguejar". Assim, não estaríamos errados se traduzíssemos: "Não fiquem tagarelando como os pagãos" (Stott, 1981:146).
- *O seu Pai sabe do que vocês precisam, antes mesmo de o pedirem.* Em sua onisciência, Deus sabe de que necessitamos, bem como o que iremos pedir-lhe. Por isso, devemos ser objetivos, sinceros, honestos em nossos pedidos. Imagine, durante a oração, você dizer coisas que não correspondem à verdade, insinuar-se ou

distrair-se. Será uma situação desastrosa, pois Deus vê o nosso coração e sabe o que se passa ali.

Creio que, a partir da revisão desses pontos, temos estabelecidos os alicerces sobre os quais iremos edificar nosso altar de oração intercessória. Conhecendo os princípios apontados por Jesus, poderemos avançar, aprofundar-nos na questão tão importante que é a oração como intercessão.

Como disse há pouco, a oração determina nosso nível de saúde espiritual porque mostra se temos ou não vida espiritual. O meio principal de estabelecer relacionamentos com o Senhor é a oração.

O cristão que não ora dá indícios fortes de que não nutre sua vida cristã. Deus é a fonte de toda a vida. Portanto, se alimentarmos apenas nosso corpo físico e deixarmos de alimentar nossa alma e nosso espírito por meio da oração e comunhão com o Pai, que será de nós?

Permita-me, após fazer essa "denúncia", dar uma dica a você que, porventura, deseja iniciar uma vida de oração diária. É comum muitos cristãos terem como meta viver uma vida de oração cotidianamente, mas, no entanto, não conseguirem.

Reconheço que orar não é o prato principal da nossa vida, pelo menos da maioria de nós. Orar dá trabalho, exige esforço, perseverança, renúncia, confronto com a carne, e essas são coisas que nosso corpo – nossa carne – não gosta de fazer.

Então tenha em mente, no princípio, os seguintes pontos:

- *Orar é um projeto a longo prazo.* Não imagine que você irá começar a orar hoje e amanhã já conseguirá orar uma hora por dia e isso durante toda a sua vida. Orar é uma atividade para toda a nossa vida. Nem por isso deixe para amanhã o que pode começar hoje.

- *Comece aos poucos.* Orar também é um exercício. Assim como os atletas começam seus exercícios aos poucos, alguns minutos por dia, até que o corpo se acostume, faça da mesma forma. Se conseguir começar com 10 minutos por dia, procure repetir isso por alguns dias ou nas primeiras semanas. Aos poucos, você irá aumentar esse tempo de acordo com a necessidade e o próprio desejo que você sentirá.
- *Divida a sua oração em partes.* Ore agradecendo a Deus por sua vida, pela família e por outros motivos pelos quais você é grato a Deus. Depois ore por outras pessoas, interceda; ore por seus parentes, pela bênção sobre eles, pela salvação daqueles que ainda não são salvos. Não precisa ser exatamente nessa ordem, mas procure sentir o seu coração e ele o dirigirá da maneira mais conveniente.

Com esses pontos que propus, não estou ditando regras para orar melhor ou mais eficientemente. Longe de mim essa pretensão. Quero apenas, com isso, dar dicas que funcionaram comigo e que também funcionaram com outras pessoas que quiseram começar uma vida de oração, mas tiveram dificuldades. A maioria das pessoas que se dedicam diariamente à oração é unânime sobre as dificuldades e como superá-las.

Neste apêndice, quero falar sobre orientações dadas no Novo Testamento, especialmente nas cartas do apóstolo Paulo, sobre o tema oração intercessória.

Quais os motivos pelos quais devemos orar e interceder? Como se compõe a oração intercessória? Qual a participação do Espírito Santo na oração? Que exemplos bíblicos temos de oração intercessória?

Esses são alguns dos pontos que pretendo esclarecer a fim de orientá-lo melhor nessa importante tarefa dada por Jesus aos seus seguidores.

TIPOS DE ORAÇÃO

Se existe o modo *intercessório* de orar, devem existir outros tipos de oração. E realmente lemos, no Novo Testamento, sobre a existência de, pelo menos, quatro tipos diferentes de oração. São elas:

> *Antes de tudo, recomendo que se façam súplicas, orações, intercessões e ações de graças por todos os homens.* (1 Tm 2.1)

Nesse texto, Paulo faz distinção dos tipos de orações que podem e devem ser feitas. Vejamos o que elas podem nos ensinar, para podermos entender a natureza da oração intercessória.

Súplicas. A súplica, como o próprio nome diz, é o tipo de oração em que pedimos intensamente algo de que necessitamos. Vemos a mesma palavra usada por Lucas, quando narra o medo dos habitantes de Gadara. Os homens daquela cidade temiam a Jesus por causa dos demônios que ele expulsou de um conhecido habitante, sendo que os demônios entraram em uma manada de porcos, mortos em seguida pela ação daqueles espíritos:

> *Então, todo o povo da região dos gerasenos* ***suplicou*** *a Jesus que se retirasse, porque estavam dominados pelo medo.* (Lc 8.37; grifo meu)

Súplica, portanto, refere-se a um tipo de oração que fazemos quando sentimos uma necessidade grande e que exige pedido intenso ao Senhor.

Orações. Em seguida, Paulo alude ao que chama de "orações". Pelo significado da palavra, trata-se de um diálogo simples com o Senhor. Jesus, quando ensinou seus discípulos a orar, disse que eles não deveriam fazer "rezas". As rezas, como vimos, são a repetição de palavras preordenadas que, de maneira mecânica, são dirigidas ao Senhor.

O elemento que diferencia a oração é a espontaneidade, o improviso, a liberdade de relacionar-se com aquele a quem dirigimos nossa oração. Esse Senhor que nos conhece, sabe das coisas que dizem respeito a cada um de nós. Tal oração é uma conversa livre com o Pai, tal como um filho naturalmente conversa com seu pai biológico.

A oração é uma prática que devemos desenvolver, a fim de criar uma vida espiritual sadia. Ela deve ser diária e, se possível, mais de uma vez por dia.

Intercessões. Em terceiro lugar, Paulo menciona as intercessões, sendo seguidas por *ações de graças por todos os homens*. Com isso, deixa claro que a intercessão, bem como as ações de graças, são feitas em favor de pessoas do nosso convívio, por pessoas que conhecemos e por aqueles que estão em evidência na sociedade, as autoridades, por exemplo.

F. Davidson comenta que a palavra "intercessões" (em grego, *enteuxeis*) não se refere necessariamente a pedidos em favor de outras pessoas; sua principal ideia é de acesso a um superior para lhe fazer rogativas. Mas Paulo acrescenta *por todos os homens*, o que implica a ideia do acesso a um superior para pedir-lhe em *favor de todos os homens*. Provavelmente esse é o sentido mais completo que o autor pretendeu reproduzir.

Paulo ensina, ainda, que devemos orar pelas autoridades, pois foram constituídas pelo Senhor. Seja qual for o posto que tal autoridade ocupe, devemos fazer orações a Deus a fim de que essas pessoas possam ser guiadas por ele, orientadas no bom desempenho de suas funções e cumpram o decreto do Senhor, fazendo justiça e conduzindo o povo com sabedoria.

"Interceder" é uma ação feita junto a uma pessoa com poder, em favor de alguém necessitado. Se há alguém necessitado de um favor, de uma orientação ou algo assim, devo interceder junto a quem tem poder para auxiliar.

Sabemos que Jesus Cristo é o maior exemplo de intercessor. Nós somos os necessitados e o poderoso é Deus Pai. Jesus, então, coloca-se entre nós e Deus, entre nossas necessidades e o poder que Deus tem para auxiliar-nos. Assim, Jesus realiza a obra intercessória em nosso favor, e somos abençoados por sua intercessão, pois alcançamos de Deus Pai aquilo de que necessitamos:

> *Meus filhinhos, escrevo-lhes estas coisas para que vocês não pequem. Se, porém, alguém pecar,* ***temos um intercessor junto ao Pai,*** *Jesus Cristo, o Justo.* (1 Jo 2.1; grifo meu)

Interceder é como exercer a função de um advogado. O advogado é quem conhece as particularidades de cada caso e sabe como falar com a autoridade superior, no caso, Deus. Os sumos sacerdotes do Antigo Testamento desempenhavam essa função. Eles recebiam o povo que se apresentava arrependido, entravam na presença de Deus e buscavam o perdão para os pecados individuais ou da nação de Israel. Em seguida, dirigiam-se ao povo, levando o perdão alcançado da parte de Deus. O escritor aos Hebreus afirma que Jesus é o nosso sumo sacerdote, porém superior:

Portanto, visto que temos um grande sumo sacerdote que adentrou os céus, Jesus, o Filho de Deus, apeguemo-nos com toda a firmeza à fé que professamos. (Hb 4.14)

O mais importante do que estamos tratando é que temos um sumo sacerdote como esse, o qual se assentou à direita do trono da Majestade nos céus. (Hb 8.1)

Assim, Jesus observa-nos em nossos problemas e fraquezas e dá-nos o mandamento para orarmos. Quando nos submetemos ao que ele nos manda fazer e oramos a Deus, Jesus intercede por nós a fim de que alcancemos aquilo que pedimos e de que necessitamos.

A oração intercessória, portanto, é um ato pelo qual podemos demonstrar nossa preocupação com as pessoas à nossa volta. É colocar-se no lugar delas, quando sofrem, quando choram, quando precisam de orientação. Como diz o jargão, é "colocar-se na brecha" em favor do próximo. E isso é agradável a Deus.

Ações de graça. Por último, o apóstolo Paulo fala-nos acerca das ações de graça, que, como as intercessões, deverão ser feitas por todos os homens.

As orações de ação de graça devem demonstrar nossa alegria e gratidão a Deus pelas pessoas sobre as quais oramos. Podemos incluir nesse grupo as pessoas que são salvas pelo Senhor, aquelas que são libertas de algum vício ou outro problema que as aprisiona, pessoas que são curadas de suas enfermidades. Enfim, são muitos os motivos pelos quais podemos interceder, primeiramente, e, em seguida, dar graças a Deus por aquilo que ele, em sua infinita misericórdia, concedeu a cada um de nós.

As ações de graça também devem merecer nossa especial atenção. Jesus elogiou o único leproso que voltou para agradecer-lhe pela cura que havia conseguido:

> *Um deles, quando viu que estava curado, voltou, louvando a Deus em alta voz. Prostrou-se aos pés de Jesus e lhe agradeceu.* (Lc 17.15,16)

Jamais devemos ser ingratos em relação a tudo o que temos recebido do Senhor. Jó agradeceu até mesmo o mal, a própria enfermidade, dizendo que Deus deu os bens e também o mal que ele sofria (*Aceitaremos o bem dado por Deus, e não o mal?* – Jó 2.10). Já que esse mal vinha de Deus, por que não agradecê-lo? Deus tem seus motivos pelos quais nos permite atravessar períodos difíceis em nossas vidas. Sejamos gratos a ele, então.

Assim, vimos os quatro tipos de oração que Paulo, o maior teólogo da história da Igreja, cita em seus ensinamentos. Conhecendo cada uma das diferentes formas de oração, podemos nos aprofundar naquela de que nos propomos a falar: a oração intercessória.

Não nos esqueçamos, mesmo assim, de praticar, em nosso dia a dia, as demais, pois cada uma possui sua importância e deve ter seu lugar em nosso relacionamento com o Senhor.

SINTA A NECESSIDADE DA INTERCESSÃO

Depois de vermos os tipos de oração citados na Bíblia, devo chamar a atenção para que o leitor sinta a necessidade que existe de fazer orações intercessórias. Sem sentir a necessidade de orar e interceder, o leitor não será um intercessor por muito tempo: talvez por uma semana ou até que o motivo pelo qual está sendo feita a intercessão seja resolvido.

O intercessor encara sua vida de oração como um ministério, como a expressão da vontade de Deus para sua vida sempre. A intercessão não é uma ocupação que daqui a alguns dias será substituída por outra atividade no Corpo de Cristo.

Eu posso cantar no coral da igreja e paralelamente manter uma vida de intercessor; posso ser dirigente de um grupo na igreja e manter uma vida de intercessão; posso ser pastor e paralelamente manter minha vida de intercessão por outras pessoas. Nada substitui a vida de oração intercessória.

Mas, para que a minha vida de oração prevaleça, é preciso sentir intimamente a necessidade das pessoas no mundo e a minha responsabilidade de interceder por elas.

O profeta Ezequiel foi usado por Deus para dizer à nação de Israel que o Senhor "procurou" alguém que intercedesse pelos habitantes da nação, que estavam cometendo extorsão, roubo, opressão contra os pobres, maltratando os estrangeiros e negando-lhes a justiça. Veja isto:

> *Procurei entre eles um homem que erguesse o muro e se pusesse na brecha diante de mim e em favor desta terra, para que eu não a destruísse, mas não encontrei nenhum.* (Ez 22.30)

Era preciso que alguém, naquela nação, sentisse a necessidade de orar intensa e incessantemente ao Senhor, a fim de que ele não trouxesse juízo contra a nação. Era preciso que alguém tivesse consciência dos mandamentos de Deus e visão da sua misericórdia e graça, que ele pretendia derramar sobre o seu povo.

Lembra-se do caso em que Abraão questionou a Deus, diversas vezes, sobre a destruição de Sodoma? Abraão perguntou se o Senhor destruiria a cidade se houvesse nela um grupo de justos, e o Senhor disse que não.

Somente quando não há temor a Deus é que o Senhor manifesta o seu juízo. Por isso, nós, que tememos ao Senhor, temos o dever de interceder pelas pessoas que não têm consciência daquilo que a Palavra de Deus diz que acontecerá com aqueles que não temem ao Senhor.

Para isso, é preciso conhecer a Palavra de Deus e aprender quais tipos de comportamentos o Senhor condena e rejeita. Quanto mais conhecermos a Palavra de Deus, mais teremos condições de fazer uma avaliação da situação ao nosso redor e, assim, saberemos melhor como orar.

Nisso vemos a necessidade de aprender claramente o que ensinam as Escrituras para compreendermos mais profundamente os motivos pelos quais precisamos orar e interceder.

Assim aconteceu com Ezequiel. Aquele profeta disse que o Senhor procurava alguém que orasse e intercedesse (*"alguém que se pusesse na brecha diante de mim e em favor desta terra"*) em favor dos líderes e governantes, dos ricos e poderosos. O Senhor não pretende destruir os pecadores, mas quer acabar com o pecado que tomou conta da humanidade e, assim, libertar o pecador, prover meios para que ele possa distinguir o caminho ideal para a sua jornada.

Mas não há motivos para intercessão apenas fora da Igreja, entre as pessoas que julgamos estarem perdidas e longe de Deus. Dentro do Corpo de Cristo também podemos encontrar inúmeros motivos pelos quais necessitamos orar e interceder.

Sabemos que existem irmãos que encontram dificuldades em prosseguir na fé, em permanecer e perseverar na jornada cristã. Isso deve tocar nosso coração para a intercessão.

A falta de firmeza na fé é um problema facilmente resolvido quando se encontra alguém *para se colocar na brecha*, alguém disposto a batalhar em oração até que Cristo seja formado na vida dessa pessoa. Veja como o apóstolo Paulo sentia essa necessidade em relação aos cristãos da Galácia:

> *Meus filhos, novamente estou sofrendo dores de parto por sua causa, **até que Cristo seja formado em vocês.*** (Gl 4.19; grifo meu)

O sentimento do apóstolo indica que ele sofria em favor daqueles irmãos, até que eles pudessem chegar à maturidade na fé e não depender de repreensões e amparos espirituais por parte de Paulo. Isso fazia o apóstolo sofrer e esse sentimento deve existir em nós com relação a algumas pessoas que estão à nossa volta, carentes da nossa intercessão.

Jesus também sentiu profunda compaixão pelos habitantes da cidade de Jerusalém, a ponto de chorar em público pelo fato de eles não aceitarem a salvação trazida por ele (Lc 19.41). Esse sentimento foi provocado pela falta de salvação entre aqueles religiosos que não o aceitavam como o Filho de Deus, o Messias.

Assim, fica evidente, tanto no Antigo quanto no Novo Testamento, que o intercessor precisa sentir as necessidades que estão à sua volta, na sociedade, nos poderes políticos, religiosos e sociais, dentro da Igreja, enfim, nas mais variadas esferas de atuação humana.

Aproxime-se de Deus e ele revelará ainda mais coisas e mais áreas pelas quais devemos sentir compaixão.

INTERCESSÃO POR LIBERTAÇÃO

Um dos motivos pelos quais somos convocados a interceder é pela libertação daqueles que se encontram presos a algum tipo de vínculo que não seja o da salvação.

> *Por volta da meia-noite, Paulo e Silas estavam orando e cantando hinos a Deus; os outros presos os ouviam. De repente, houve um terremoto tão violento que os alicerces da prisão foram abalados. Imediatamente todas as portas se abriram, e as correntes de todos se soltaram.* (At 16.25,26)

Um dos resultados mais impressionantes como resposta da intercessão é a libertação de vidas. Na passagem em questão, Paulo e Silas oravam a Deus, pois estavam presos, acusados de "arruaça" por pregarem a Palavra de Deus. Certamente eles intercederam em seu próprio favor, pois, no início de sua vida ministerial, eles ainda não estavam acostumados a ficar presos por causa da pregação do Evangelho.

A oração daqueles dois homens certamente não visava a criar aquela situação, o estremecimento da prisão por meio de um violento terremoto - creio que nem sequer imaginavam que isso pudesse acontecer. Mas o fato é que o terremoto aconteceu por causa das orações deles. O resultado foi que a estrutura da prisão, suas fundações de pedras, foi desfeita, as correntes que os prendiam abriram-se e eles ficaram livres.

Isso é um fato histórico, aconteceu no primeiro século da Igreja. Mas podemos interpretar esse evento de maneira prática e aplicá-lo a nós nesses dias. O que é mais fácil: romper correntes e desfazer colunas maciças de pedras ou libertar pessoas que estão sofrendo opressão ou possessão maligna, problemas emocionais ou psiquiátricos?

Para Deus, as duas coisas são igualmente fáceis. Podemos achar mais difícil abrir correntes e romper colunas de pedras, porque nós vemos a força desses elementos e podemos calcular a força a ser empregada para rompê-los. Mas, para aqueles que sofrem com a força maligna que reina no mundo, a situação é igualmente complicada. Os que sofrem síndromes, das mais diversas que conhecemos, como fazer para livrar-se delas? E os que são atormentados por espíritos malignos, como conseguir paz em suas vidas?

Jesus ensinou claramente sobre esse assunto falando sobre a expulsão dos demônios que atormentavam a vida de um garoto, jogando-o no fogo e na água, a fim de matá-lo. Os discípulos de Jesus nada conseguiram contra aquele demônio, e Jesus pôde, então, ensinar o motivo pelo qual há tipos de libertação que requerem algo a mais além da vontade.

> *Então os discípulos aproximaram-se de Jesus em particular e perguntaram: 'Por que não conseguimos expulsá-lo?'. Ele respondeu: 'Porque a fé que vocês têm é pequena. Eu lhes asseguro que, se vocês tiverem fé do tamanho de um grão de mostarda, poderão dizer a este monte: 'Vá daqui para lá', e ele irá. Nada lhes será impossível.* ***Mas esta espécie só sai pela oração*** *e pelo jejum'*. (Mt 17.19-21; grifo meu)

Aqui não se trata de libertação do reino físico, como no caso de Paulo e Silas. Estamos diante de um caso espiritual em que nem a mais moderna medicina tem respostas ou poder sobre a situação.

A libertação que o Senhor promove é poderosa em ambos os Reinos, o espiritual e o físico. Portanto, não sejamos negligentes na intercessão, imaginando que o Senhor atua apenas numa esfera, e não em ambas.

No caso do garoto que necessitava de libertação, a intercessão se fazia necessária, acompanhada de jejum.

O jejum não serve para passarmos fome. A ideia de nos separarmos para orar e jejuar é consagrar a Deus um momento em que podemos nos voltar exclusivamente para ele, em busca de maior intimidade, de maior comunhão.

Abster-se de comida pode funcionar em nossas vidas como um exercício que nos capacitará para rejeitar outras coisas as quais precisamos rejeitar no dia a dia. Assim, consagrarmo-nos mais a Deus acabará por auxiliar-nos também na hora de interceder por libertação na vida daqueles que dela necessitam.

Podemos então deduzir que, na pauta de nossa intercessão, devem ser colocadas todas as pessoas que carecem da libertação que só Jesus Cristo pode promover. Falei, no capítulo anterior, sobre a questão dos homossexuais; mencionei também os líderes e governantes corruptos, citados por Ezequiel. Todos esses são pecados (o homossexualismo e a corrupção) causados pela ação demoníaca.

Podemos incluir aí as prostitutas, os dependentes químicos, os fraudadores, os sonegadores de impostos e grupos semelhantes. Devemos orar a Deus e interceder para que essas pessoas sejam alvo da graça do Senhor. Sabemos que Deus tem um propósito na vida de cada um que se arrepende e se converte aos seus caminhos. Portanto, é preciso que sejam alcançados pela revelação de que o Senhor, e somente ele, poderá proporcionar força espiritual, emocional e recursos para que essas pessoas abandonem esses caminhos.

Sempre gosto de dar o exemplo do que aconteceu em minha própria vida. Eu era viciado em drogas e minha mãe soube do meu problema. Ela passou a interceder em meu favor, para que o Senhor me libertasse do vício que já me prendia há seis anos.

Sabemos que há pecados que são causados por opressão maligna e pecados que são causados por possessão demoníaca. Em ambos os casos, a influência de um demônio, ou grupo deles, leva a pessoa a agir conforme o plano do demônio, e não contra a sua vontade. Por isso, disse que devemos amar os pecadores e odiar os seus pecados, pois podemos estar diante de uma pessoa de coração bom, mas que sofre com a ação demoníaca sobre a sua vida. Uma vez liberta, se mostrará alguém dócil, sereno, filho de Deus.

Ao interceder por mim, minha mãe e algumas pessoas da igreja que ela frequentava jejuavam em meu favor e consagravam suas vidas em busca de libertação para mim.

O resultado aconteceu numa noite, em um culto doméstico, em que uma irmã bastante humilde orou e a libertação veio imediata e definitivamente. Saí daquele culto liberto para nunca mais usar drogas. Isso foi resultado da intercessão que minha mãe e as irmãs da igreja fizeram por três meses, aproximadamente, em favor da minha libertação. As circunstâncias se fizeram favoráveis até que eu pude ter um encontro com o Senhor em que minha vida foi definitivamente transformada.

Que princípio podemos identificar neste caso? O sentimento da necessidade. Quem mais poderia sentir a necessidade de libertação em minha vida do que minha própria mãe? Assim, devemos sentir o desejo de ver as pessoas libertas do mal que as envolve e as aprisiona.

Que outra lição podemos tirar do meu caso? O jejum serviu para aproximá-las mais de Deus a fim de que enfrentassem o demônio que me aprisionava no vício há anos.

Elas se prepararam algum tempo antes e, quando fui convidado para participar daquele culto sem saber o que havia por trás, elas estavam fortalecidas no espírito para batalhar contra o que me aprisionava.

A oração intercessória é uma arma extremamente potente. Somente ela poderá entrar em lugares e em áreas a que não temos acesso. Não há ferramenta melhor que o Senhor nos tenha dado que a Oração intercessória.

Se alguém sofre com a ação de espíritos malignos, podemos interceder e o Senhor irá libertar essa pessoa. Se alguém precisa abandonar um vício ou um mau comportamento, podemos interceder e o Senhor irá enviar o seu Espírito para agir na vida dessa pessoa. Se alguém está com alguma necessidade, poderá interceder em seu próprio favor, como Paulo e Silas, e o Senhor irá agir na natureza, causar um violento terremoto, e irá libertar-nos daquilo que nos prende, e nos dará a liberdade.

Ainda que alguém esteja na prisão, distante de nós, podemos orar e o Senhor irá ao encontro dessa pessoa e a libertará. Isso aconteceu já no início da Igreja, quando Pedro estava preso. Os irmãos oraram e o Senhor agiu, tirando Pedro da prisão.

Um anjo foi enviado para buscá-lo na prisão em que estava e o apóstolo Pedro foi trazido de volta, porque era inocente e não tinha cometido crime algum:

> *Na noite anterior ao dia em que Herodes iria submetê-lo a julgamento, Pedro estava dormindo entre dois soldados, preso com duas algemas, e sentinelas montavam guarda à entrada do cárcere. Repentinamente apareceu um anjo do Senhor, e uma luz brilhou na cela. Ele tocou no lado de Pedro e o acordou. 'Depressa, levante-se!', disse ele. Então as algemas caíram dos punhos de Pedro. O anjo lhe disse: 'Vista-se e calce as sandálias'. E Pedro assim fez. Disse-lhe ainda o anjo: 'Ponha a capa e siga-me'. E, saindo, Pedro o seguiu, não sabendo que era real o que se fazia por meio do anjo; tudo lhe parecia uma visão. Passaram a primeira e a segunda guarda, e chegaram ao portão de ferro que dava para a cidade. Este se abriu por si mesmo para eles e passaram. Tendo saído, caminharam ao longo de uma rua e, de repente, o anjo o deixou. Então Pedro caiu em si e disse: 'Agora sei, sem nenhuma dúvida, que o Senhor enviou o seu anjo e me libertou das mãos de Herodes e de tudo o que o povo judeu esperava'.* (At 12.6-11)

INTERCESSÃO PELOS IRMÃOS DA FÉ

A oração intercessória tem um grande número de motivos pelos quais deve ser aplicada até mesmo aos membros do Corpo de Cristo. Não intercedemos apenas pelas pessoas que não seguem a Cristo ou que não estão conosco no "mesmo barco"; intercedemos também por nossos irmãos na fé, pessoas que professam as mesmas crenças que professamos, pessoas que pensam como nós.

Acompanhe o texto de Tiago:

> *Portanto, confessem os seus pecados uns aos outros e orem uns pelos outros para serem curados. A oração de um justo é poderosa e eficaz.* (Tg 5.16)

O Novo Testamento traz a proposta da edificação de um corpo místico onde aqueles que têm fé em Cristo se reúnem e se relacionam como irmãos, conselheiros e amigos leais.

Somente nesse espírito podem ser realizados alguns dos mandamentos das Escrituras, especialmente alguns feitos pelo apóstolo Paulo.

Mas, nesse caso, é Tiago quem nos orienta sobre o dever de *confessar os pecados uns aos outros*. De que maneira isso pode tornar-se real a não ser por meio de um relacionamento saudável, fiel e cristão? Quem terá coragem de confessar seus pecados a alguém?

No entanto, é exatamente isso que deverá acontecer, se quisermos seguir o padrão bíblico.

Tiago nos manda confessar nossos pecados uns aos outros. Todos deverão abrir seus corações e expor áreas em que a fraqueza tem sido constante e vitoriosa. Ao confessar, tiramos de sobre os ombros o fardo que o pecado impõe. Lançando sobre a cruz o fardo do pecado, Tiago orienta a, em seguida, orarmos uns pelos outros.

É nesse ponto que entra a intercessão. Depois de tomar ciência da fragilidade do meu irmão, devo interceder ao Senhor para que o Espírito Santo atue de maneira eficaz nas áreas em que meu irmão tem enfrentado dificuldades e sido vencido muitas vezes.

Essa intercessão não deverá ser realizada apenas na presença dos irmãos; o ideal é que levemos esse pedido de oração conosco, a fim de prosseguirmos orando e intercedendo por aquele irmão. É o tratamento da doença espiritual chamada pecado, e tratamento não se faz apenas com uma visita ao médico.

Ao tomar ciência da necessidade de meus irmãos, tenho condições de criar um catálogo de motivos pelos quais devo interceder. Sempre que me colocar diante do Senhor, o Espírito Santo trará à lembrança aqueles casos pelos quais tenho assumido a responsabilidade de interceder. A Bíblia nos diz que o Espírito Santo nos fará lembrar de todas as coisas.

> *Mas o Conselheiro, o Espírito Santo, que o Pai enviará em meu nome, lhes ensinará todas as coisas e lhes fará lembrar tudo o que eu lhes disse.* (Jo 14.26)

A ação do Espírito não se limita apenas a nos lembrar a Palavra de Deus, mas também nos momentos de oração a Deus.

> *Da mesma forma o Espírito nos ajuda em nossa fraqueza, pois não sabemos como orar, mas o próprio Espírito intercede por nós com gemidos inexprimíveis.* (Rm 8.26)

A presença do Espírito Santo nos momentos de oração é uma realidade que não podemos negligenciar.

Você deve se lembrar de alguma vez em que se colocou em oração e, de repente, lembrou-se de alguém ou de algum caso que não lhe passava pela memória quando começou sua oração; uma pessoa que há muito você não vê ou de quem não tem notícia. Muito bem, esse é um exemplo de como o Espírito Santo guia nossas orações. Essa "lembrança" nada mais é do que a orientação dada pelo Espírito durante nossos períodos de intercessão. Quando isso acontece, não podemos deixar de lado tal "lembrança", pois certamente o Espírito Santo, que sabe todas as coisas, está nos guiando a interceder por aquela pessoa ou por aquela causa que ele apresentou.

> *O Espírito sonda todas as coisas, até mesmo as coisas mais profundas de Deus. Pois, quem conhece os pensamentos do homem, a não ser o espírito do homem que nele está? Da mesma forma, ninguém conhece os pensamentos de Deus, a não ser o Espírito de Deus.* (1 Co 2.10,11)

Assim, quando lembranças vierem à nossa mente, consideremos como revelações dadas pelo Espírito. Ele sonda as coisas que não vemos e não conhecemos e as manifesta àqueles que estão dispostos a tapar a brecha por meio da oração intercessória.

Tiago conclui essa passagem afirmando que *a oração de um justo é poderosa e eficaz.*

Nossa oração é poderosa. O apóstolo não diz que a oração do pastor é poderosa e eficaz; ele não diz que a oração do rico é poderosa e eficaz; ele não diz que a oração do irmão que conhece muito bem a Bíblia é poderosa e eficaz. Tiago afirma que a *oração do justo* é que tem essas características: é poderosa e eficaz.

Justos, nesse caso, somos todos os que entregamos nossas vidas a Cristo por meio da fé e nos apropriamos da *justiça que vem da fé.*

> *Os gentios, que não buscavam justiça, a obtiveram, uma* ***justiça que vem da fé.*** (Rm 9.30; grifo meu)

Nossa oração, ou seja, a oração de qualquer membro do corpo de Cristo, até mesmo daquele que se considera o mais desprezível, o mais insignificante, mesmo a sua oração é poderosa e eficaz.

A sua oração, quando feita pela direção do Espírito Santo, tem poder, pois é feita ao Todo-poderoso. Ela é eficaz, porque é dirigida pelo Espírito do Deus Altíssimo. Essa oração prevalece e o Senhor age nas causas que lhe são apresentadas. Dessa forma, os irmãos na fé são fortalecidos, o pecado é vencido e a Igreja cresce.

INTERCESSÃO PELAS LIDERANÇAS

Um dos motivos pelos quais as Escrituras nos orientam a fazer orações intercessórias é pelas pessoas que exercem liderança. Não apenas pelos líderes em nossas igrejas, mas também pelos líderes civis e políticos.

> *Antes de tudo, recomendo que se façam súplicas, orações, intercessões e ações de graças por todos os homens; pelos reis e por todos os que exercem autoridade, para que tenhamos uma vida tranquila e pacífica, com toda a piedade e dignidade. Isso é bom e agradável perante Deus, nosso Salvador, que deseja que todos os homens sejam salvos e cheguem ao conhecimento da verdade.* (1 Tm 2.1-4)

Paulo diz que esses líderes devem ser lembrados constantemente por cada um de nós em nossas orações.

As autoridades são constituídas por Deus. Ainda que não o sejam pela vontade revelada, pelo menos por meio da vontade permissiva do Senhor. Assim, se estão na posição em que estão, o Senhor permitiu que tais pessoas chegassem a essa posição. Para isso, têm o dever de governar bem e administrar com responsabilidade todo o povo.

Podemos olhar esses versículos e tirar deles duas conclusões que se completam.

Primeiramente, que devemos interceder pelas autoridades para que governem com equidade, com honestidade, enfim, para que sejam sóbrios e, uma vez que o exercício de suas funções seja feito com responsabilidade, o povo se beneficie e, assim, não haja necessidade de levantes e mobilização nacional de revolta popular. Isso fica evidente quando lemos que Paulo escreveu isto: *para que tenhamos uma vida tranquila e pacífica* (v. 2).

Caso a corrupção domine a administração feita por eles, certamente o povo irá se manifestar contrário e o caos poderá se instalar. Assim, cabe ao intercessor orar para que seus governantes sejam em tudo responsáveis e, na medida do possível, dirigidos pelo Senhor.

Devem ser incluídos nesta lista os seguintes postos:

a) Presidente da república.
b) Ministros de estado.
c) Senadores federais.
d) Deputados federais e estaduais.
e) Governadores.
f) Prefeitos.
g) Vereadores.
h) Administradores regionais.

i) Secretários e subsecretários.
j) Juízes.
k) Procuradores e promotores públicos.
l) Secretários.
m) Os militares nas três esferas (Exército, Marinha e Aeronáutica).
n) As Polícias Civil e Militar e as Guardas Civis Metropolitanas.
o) Os líderes comunitários.

Esteja convencido de que devemos orar intensamente sobre essas pessoas, para que exerçam suas funções de maneira justa.

Recordo-me de que, quando me converti ao Cristianismo, no ano seguinte, uma missão evangélica promoveu um movimento de intercessão pelas lideranças políticas aqui no Brasil. Cristãos de todos os estados, de todas as denominações intercederam juntos pelo fim da corrupção, que aumentava de maneira galopante.

O resultado foi espetacular. A imprensa começou a publicar escândalos, roubalheiras, maracutaias; os políticos corruptos começaram a ser desmascarados e condenados; a população manifestou-se e mais escândalos vieram à tona. Pouco a pouco, desvios de verbas foram estancados e aqueles que intercederam puderam verificar que a oração do justo pode muito em seus efeitos.

Nosso pastor leu no púlpito, em um culto de domingo, os números de políticos apontados por suas falcatruas, as CPIs que tinham sido instaladas, a quantidade de parlamentares afastados de seus cargos e muito mais. Tudo isso como resultado da intercessão do povo de Deus em favor de seus governantes.

Estou certo de que atravessamos, no Brasil, um momento político que clama urgentemente por uma nova campanha como aquela. A nação tem sido saqueada por políticos e líderes inescrupulosos, que têm sangrado os recursos financeiros que deveriam ser destinados à melhoria das condições de vida das populações desfavorecidas, à construção de hospitais, creches, escolas e tantos outros benefícios que são direitos de todo aquele que paga os devidos impostos.

Mesmo que não haja um dia ou uma semana oficial de intercessão, você e eu podemos começar a nossa oração por esses motivos. Se convidarmos mais duas ou três pessoas, ou se conseguirmos levar essa ideia para nossas igrejas e conquistarmos o apoio dos irmãos e dos nossos pastores, poderemos fazer a diferença, porque o Senhor nos ouvirá dos céus e sarará a nossa terra. Ele, o Senhor, não precisa de um movimento nacional de intercessão por esses motivos para agir. Mas, se orarmos individualmente, o Senhor nos ouvirá e nos atenderá, se estivermos intercedendo como obediência ao que diz a sua Palavra.

A segunda conclusão a que podemos chegar ao ler os versículos escritos por Paulo é que o Senhor quer a nossa intercessão para converter esses líderes (ou para colocar os seus servos na liderança do país). Paulo escreveu que *Deus, nosso Salvador (...) deseja que todos os homens sejam salvos e cheguem ao conhecimento da verdade* (v. 4).

Todos os homens inclui nossos governantes. Deus deseja que eles, mesmo que hoje sejam corruptos, amanhã sejam honestos e cristãos de bom testemunho.

Nos tempos de Jesus, isso já acontecia. É possível identificar isso até mesmo no tempo dos profetas. Daniel vivia no Palácio do Rei Nabucodonosor e pôde testemunhar a respeito da soberania de Deus. De certo Daniel influenciou a vida daquele Rei.

José, no Egito, também pôde exercer sua influência na vida de faraó, que, com suas próprias palavras, disse que José tinha um espírito excelente, um espírito divino. O mesmo foi dito a respeito de Daniel.

Nos dias de Jesus, temos Nicodemos, que era um cobrador de impostos. De maneira geral, os cobradores de impostos eram corruptos. Não podemos afirmar com certeza, mas é possível que Nicodemos fosse dos mais corruptos em seus dias, pois demonstrou estar convencido das más ações que praticava e disse a Jesus que restituiria às pessoas aquilo em que as houvesse lesado (leia essa história em João 3).

Portanto, devemos esperar que, ainda hoje, o Senhor convença as pessoas, por mais corrompida que esteja sua consciência, de que elas devem render-se ao Deus dos céus e mudar o rumo de suas vidas para serem salvas por ele. Jesus é o mesmo ontem, hoje e eternamente.

Assim, fica evidente mais um motivo de oração que devemos adicionar quando fizermos intercessões pelos que estão à nossa volta. O Senhor quer orientar os líderes e governantes, mas não apenas no desenvolvimento de suas funções: o Senhor quer salvá-los do pecado e dar-lhes o direito à vida eterna. E deu a nós a responsabilidade de orar e interceder por eles.

O mesmo pode ser dito a respeito das lideranças cristãs, dos irmãos que exercem cargos de liderança dentro de nossas igrejas. Podemos listar aqui os seguintes postos:

a) Pastores e bispos.
b) Presbíteros.
c) Evangelistas.
d) Diáconos.
f) Líderes de irmãs.
g) Líderes de irmãos.
h) Líderes de jovens e adolescentes.
i) Cooperadores.
j) Missionários.
k) Músicos e cantores.

Essas pessoas exercem liderança em algum nível dentro das igrejas e também são alvos de nossa intercessão. O propósito é que o Senhor continue orientando-os e dirigindo-os em tudo o que fazem na direção do povo de Deus. Que tenham a revelação e a clara compreensão daquilo que o Senhor deseja fazer, que ministrem e que decidam, para o bem da comunidade dos salvos.

Sabemos que o inimigo de Deus, o Diabo, batalha intensa e incessantemente contra a Igreja. Temos a promessa de Jesus de que os poderes malignos não prevalecerão sobre nós. Mas também temos o mandamento de orar e interceder em favor da liderança evangélica, para que seja a cada dia mais fortalecida na força do poder de Deus.

Não podemos nos descuidar de orar e interceder por nossos líderes. Tome essa bandeira e seja um intercessor incansável pela causa do evangelho, pela liderança dentro da sua igreja. Convoque outras pessoas a unirem-se a você e a estabelecerem um grupo de intercessores, com o firme propósito de abastecer a liderança com oração, para que sejamos vitoriosos naquilo que fizermos, para a glória de Deus!